新财经改革研究系列丛书

Research on the Services Capability and
Quality Improvement of Government New Media

政务新媒体服务能力
与质量提升研究

李金阳 著

东北财经大学出版社
Dongbei University of Finance & Economics Press

大连

图书在版编目（CIP）数据

政务新媒体服务能力与质量提升研究 / 李金阳著. 一大连：东北财经大学出版社，
2024.9
（新财经改革研究系列丛书）
ISBN 978-7-5654-5227-7

Ⅰ．政… Ⅱ．李… Ⅲ．电子政务-研究-中国 Ⅳ．D63-39

中国国家版本馆CIP数据核字〔2024〕第071872号

东北财经大学出版社出版发行

大连市黑石礁尖山街217号 邮政编码 116025

网 址：http://www.dufep.cn

读者信箱：dufep @ dufe.edu.cn

大连永盛印业有限公司印刷

幅面尺寸：170mm×240mm 字数：175千字 印张：14.5 插页：1
2024年9月第1版 2024年9月第1次印刷
责任编辑：时 博 王 斌 责任校对：赵 楠
封面设计：张智波 版式设计：原 皓
定价：73.00元

前　言

2018年12月,《国务院办公厅关于推进政务新媒体健康有序发展的意见》印发,指出要以习近平新时代中国特色社会主义思想为指导,全面贯彻党的十九大和十九届二中、三中全会精神,认真落实党中央、国务院关于全面推进政务公开和优化政务服务的决策部署,实施网络强国战略,大力推进政务新媒体健康有序发展,持续提升政府网上履职能力,逐步形成全国政务新媒体规范发展、创新发展、融合发展的新格局。

政务新媒体依托于网络新媒体,由早期的信息发布、引导社会舆论的平台逐步发展演化成能够提供政务信息服务、开展社会治理、连接社会公众的平台,具备动态更新、高效协同的特点,搭建了政府与社会公众交流沟通的新平台、新途径和新渠道。政务新媒体服务能力与质量的提升是"互联网+政务"时代背景下政府机构开展电子政务应用的热点问题。伴随着新媒体时代的不断深化发展,政务新媒体的引入是我国政府为顺应时代潮流,与时俱进,践行网上群众路线的重要渠道，是转变政府职能、建设服务型政府的探索和实践举措。我国政务新媒体发展日趋成熟，政务网站、政务微博、政务微信公众号、政务客户端、政务短视频、政务 App 等政务新媒体平台建设经历了从数量迅速提升、形成规模，到有序集约化开展政务融媒体矩阵建设等阶段，再到不断走向质量增强的新阶段。现有政务新媒体建设水平和服务质量存在良莠不齐的现象。政务新媒体服务对于提升社会公众的满意度、助推数字政府建设、实现数字化治理等具有重要价值。互联网、云计算、人工智能、大数据、区块链等新兴信息技术逐步应用于政府管理服务，形成一种新型的社会治理模式，推动政府治理流程再造和模式优化。因此，基于政务新媒体的应用对于建设服务型政府有着重要作用，新媒体平台高效整合各类政务信息资源，为推动服务型政府建设提供了多样化的表现形式。

本书对政务新媒体服务能力和质量提升开展研究，理解和把握新媒体环境下政务服务的平台特性，构建本书的理论框架，寻求理论与实践创新。在研究设计方面，根据本书的研究问题，理论结合实际，对政务新媒体发展现状、政务新媒体服务的典型案例、政务新媒体用户的特性进行分析，探讨当前我国政务新媒体平台运营存在的问题；设计和建立研究模型，进行数据收集、研究变量测量等实证分析方案设计。在研究工具和方法上，本书的研究利用新公共治理理论、信息系统持续使用理论、信息系统成功理论、服务质量理论、社会认知理论等，利用结构方程模型，引入数据分析方法，采用 AMOS、SPSS 等工具方法，通过定性与定量相结合的实证研究方法分析政务新媒体服务的影响因素，研究政务新媒体服务的信息质量、可靠性、移情性、互动性等因素对用户满意度、信任度、感知价值等方面的影响和作用机制。根据实证结果，探讨我国政府政务新媒体平台服务能力与质量提升的针对性方案与策略，为促进用户对政务新媒体持续关注，提高社会公众满意度、政府公信力、政务新媒体的服务能力，以及推动开放透明政府的建设提供一定的理论参考。

李金阳

2024 年 6 月

目　录

1

绪 论

互联网时代，基于网络的新媒体大大缩短了政府权力机关与公众之间的距离。新媒体是继报刊、广播、电视等传统媒体之后发展起来的数字化媒体形态，通过利用数字和网络技术，向用户提供信息和服务。新媒体是以信息技术为依托的媒体形式，包括手机媒体、网络媒体、数字电视等。新媒体的发展给传统媒体方式下的政务工作带来了机遇和挑战，在新媒体环境下，用户从报刊、电视、传统网站上获取政务信息转变为使用手机、iPad 等移动设备获取信息。许多政府部门及相关机构通过建立网站、微博、微信、政务App、短视频等新媒体平台来实现信息发布、民生服务、舆论引导、政民沟通、形象塑造。政务新媒体是政府机构履行职责，提供信息与服务，开展公众网络问政的新媒体信息平台。在新媒体时代，如何更好地运用网络政务新媒体平台开展政务信息公开、转变政府职能、与公众互动交流，增进政府与公众之间的信息沟通和联系，更好地为群众提供公共服务，使政府从传统的管理型政府逐渐发展成为服务型政府，是各级政府面临的重要课题。各级政府要增强服务意识，增强政府透明度和公信力，积极探索新路径、采取新模式、运用新方法，全方位、立体化打造政务服务新格局，充分发挥政务新媒体平台上传下达、倾听民意、引导舆论的特殊作用，切实提升其传播力、引导力、影响力和公信力。本书主要围绕政务新媒体服务能力和质量提升开展深入研究，为发挥新媒体的传播优势，促进用户对政务新媒体持续关注，提升政务新媒体的服务能力提供有建设性的理论参考。本章作为绪论性内容，首先结合我国政务新媒体服务的现状，介绍政务新媒体服务能力与质量提升的研究背景与研究意义，然后对国内外相关研究进行文献综述，最后介绍研究内容、研究设计和研究方法。

1.1　研究背景

2022 年 4 月，国家信息中心发布的《2021 中国网络媒体发展报告》表明，随着我国互联网普及加速，移动客户端和社会化媒体的加速融合，网络媒体承担起了更重的社会责任，网络媒体持续发挥引导作用，进一步贴近民生、倾听民意，从"新闻宣传"角色逐步向"新闻宣传+社会服务"角色转变，助力国家治理体系和治理能力现代化。社会服务方面，网络媒体承担更大责任与更多功能，在国家治理中发挥重要作用。公众在公共管理决策过程中的参与感和积极性不断提升。新媒体具有互动性、快捷性、全时性、广泛性等优势，为政务工作提供了形式丰富的新渠道。越来越多的机构、组织、个人都纷纷开始注重利用新媒体开展信息的传播、共享及互动。在这一变化过程中，政务机构也在积极融入，借用新媒体平台强化政务治理活动，引领风尚。政务新媒体是新媒体在政务信息传播领域的应用。政务新媒体表现出来的社会影响力、传播能力、对重大事件的报道能力，为实现公众的知情权、参与权、表达权和监督权创造了有利的条件，也深刻地影响着政务工作的开展平台与模式。

2008 年，网络问政模式开启，由最初的在线聊天室逐步发展到政府门户网站、微博、微信、客户端等新媒体矩阵。政务新媒体从侧重单向信息发布的早期阶段，到出现发布灵活多样、双向交流互动信息的第二阶段，目前正向着更开放的服务界面，社会公众可以参与议程的同频共振阶段发展。2008 年 5 月，我国开始实施《中华人民共和国政府信息公开条例》。《中华人民共和国政府信息公开条例》从基本原则、公开的范围、公开的方式和程序、监督和保障等方面进行明确的规定，是我国政府信息公开的基本法规。根据这一条例，各级人民政府在信息公开中处于主导地位，需将涉及公民、法人或者其他组织切身利益的信息公开，以保障社会公众的知情权和政府信息的利用。政务新媒体利用互联网的优势最大限度地开展信息公开，包括日常信息的公开发布、突发事件信息的及时发布、热点事件的追踪以及重大主题活动的策划与传播。

伴随着互联网技术快速发展，2023年我国网民规模已增至10.79亿人，并在虚拟空间内衍生出了海量的服务需求。各政务机构善用各种新媒体社交平台提高政务人员管网、用网能力，加快建设服务型电子政府，将有力推动政务服务从线下向线上拓展，更好地践行为人民服务的根本宗旨。党中央、国务院近年来对我国政务新媒体建设与运营提出了高质量发展要求，相继出台了推动政务新媒体建设、运营和发展的政策和法规，为政务新媒体发展和运用提供了坚实的基础，赋予其权威性。2013年10月，《国务院办公厅关于进一步加强政府信息公开回应社会关切提升政府公信力的意见》发布，指出要加强政府信息上网发布工作，建设基于新媒体的政务信息发布和与公众互动交流新渠道，强调政务微博、政务微信的重要地位，正式把政务微博、政务微信列为政务公开的途径之一，要积极探索利用政务微博、政务微信等新媒体及时发布各类权威政务信息，并充分利用新媒体的互动功能，以及时、便捷的方式与公众进行互动交流。由此可见，政务新媒体的发展得到了政府的高度重视。

2014年，我国媒体步入融合发展元年，政务客户端呈爆炸式增长，以政务微博、政务微信、政务客户端为主的政务新媒体发展新模式正式形成。2014年4月，《国务院办公厅关于印发2014年政府信息公开工作要点的通知》，明确要求"加强新闻发言人制度和政府网站、政务微博微信等信息公开平台建设，充分发挥广播电视、报刊、新闻网站、商业网站等媒体的作用，使主流声音和权威准确的政务信息在网络领域和公共信息传播体系中广泛传播"。2014年8月18日，中央全面深化改革领导小组第四次会议审议通过了《关于推动传统媒体和新兴媒体融合发展的指导意见》，对新形势下如何推动媒体融合发展提出了明确要求，作出了具体部署。这表明媒体融合正式上升到国家战略规划层面，作为一项政治任务被党中央高度重视和有效推进，体现了党中央把握媒体舆论环境和新闻传播规律，开启了主流媒体变革，在舆论新格局中掌握主动权的战略征程。

互联网作为政务服务的工具，服务内容和形式向多元化发展。政府出台政策支持在线政务发展。2015年3月，中国政府报告中首次提出"互联网+"行动计划，这表明经济社会发展已经进入新常态，互联网可以深度融合于社会各领域之中，起到优化和集成作用。"互联网+政务服务"模式逐渐兴起，人民群众对各级政府的服务方式和质量也提出了更新更高的要求，网络助政成为国家治理的重要手段。

2016年3月，《政府工作报告》提出大力推行"互联网+政务服务"，发挥互联网和信息化技术的载体作用、交互性和共享性优势。2016年，国务院办公厅印发《2016年政务公开工作要点》，要求进一步推进政务服务公开，更好发挥媒体作用，主动通过媒体发布信息、解读政策、引导舆论、推动工作，提高政务公开工作信息化、集中化水平①。在中央和地方各级部门的强力推动下，我国政务新媒体建设得到快速的发展。以在新浪网上建立的微博平台为例，截至2015年9月30日，全国各级政府机关部门已经开设政务机构微博

---

① 国务院办公厅. 2016年政务公开工作要点 [EB/OL]. [2023-12-15]. https: // www.gov.cn/xinwen/2016-04/18/content_5065472.htm.

112 602 个。全国省、自治区、直辖市截至 2014 年底已经全部开通政务微博。

自 2001 年以来，联合国经济和社会事务部作为世界上最权威的电子政务研究评估组织，每两年会发布一次电子政务调查报告，通过测评 EGDI（电子政务发展指数）来考察联合国 193 个成员国电子政务的发展情况。迄今共计发布报告 12 份，调查报告已成为世界各国和地区信息化建设的重要参考。该报告使用联合国电子政务发展指数作为综合指标，监测各成员国电子政务的发展情况，并衡量国家机构利用信息通信技术提供公共服务的准备程度和能力，有助于公务员、研究人员以及社团组织和企业代表更深入地了解一个国家利用电子政务提供公共服务的国际水平[①]。《2022 联合国电子政务调查报告（中文版）》于 2022 年 12 月正式发布，报告分析了全球、区域和地方电子政务趋势，关注了如何在数字社会中"不让任何人掉队"，探讨了以创新推动数字政府未来可持续发展的主要趋势。该报告显示，从 2012 年到 2022 年的 10 年间，中国电子政务发展指数屡创新高，从 0.5359 增长到 0.8119，排名从 78 位上升到 43 位，自 2020 年开始迈入"非常高"的水平。这反映出我国电子政务水平和能力全方位提升，特别是国家政务服务平台，优化办事流程、创新服务方式、简化办事程序，正在实现跨地区、跨部门、跨层级的业务办理，"掌上办""指尖办"正在成为各级地方政府服务的标配。

政务新媒体不仅仅是官方信息的发布站，其本质是服务群众、提升政府社会治理能力的平台和工具，是"通政情、达民意"的紧密联系渠道。2017 年 10 月，习近平总书记在党的十九大报告中明确指出要"善于结合实际创造性推动工作，善于运用互联网技术和信

---

① 王益民. 全球电子政务发展前沿与启示：《2020 联合国电子政务调查报告》解读 [J]. 行政管理改革，2020（12）：43-49.

息化手段开展工作"。数字政府是以新一代信息技术为支撑的、以大数据技术驱动的,对政务管理架构、业务架构、技术架构进行重塑和再造,为公众提供优质高效的政务服务和公共服务的现代政府。2022年《政府工作报告》提出,加强数字政府建设,推动政务数据共享。以数字政府建设助力政府治理现代化、智能化,正成为各级地方政府机构发展转型的重要方向。2023年,国家互联网信息办公室发布的《数字中国发展报告(2022年)》显示,国家电子政务外网实现地市、县级全覆盖,乡镇覆盖率达96.1%;全国一体化政务服务平台实名注册用户超过10亿人,实现1万多项高频应用的标准化服务,大批高频政务服务事项实现"一网通办""跨省通办",有效解决了市场主体和群众办事难、办事慢、办事繁等问题①。《中华人民共和国国民经济和社会发展第十四个五年规划和2035年远景目标纲要》提出,要"提高数字政府建设水平","将数字技术广泛应用于政府管理服务,推动政府治理流程再造和模式优化,不断提高决策科学性和服务效率"。截至2022年5月,据不完全统计,全国已有超过半数的省份出台了数字政府建设相关的"十四五"专项规划。

随着媒介技术的发展,各类新媒体不断涌现,基于新媒体平台的政务服务也必须顺应时代潮流,不断地进行创新和变革,才能够满足社会发展的需求。经过多年的高速发展,政务新媒体已经从由单一信息发布到向"信息+服务"转变,并且已经拓展到多个政务服务领域。政务新媒体所具备的品牌化、权威性、主流化等特性使政务新媒体可以与传统媒体之间形成更深层次的融合互补关系。利用在信息获取、舆情监测、数据收集、资源整合等方面的优势,政

---

① 国家互联网信息办公室.数字中国发展报告(2022年)[R/OL].[2023-12-15].
http://www.cac.gov.cn/2023-05/22/c_1686402318492248.htm.

务服务新媒体能够更好地融入现代化治理体系，扩大传播影响力。政务新媒体是以网络为载体进行信息传播的媒介。目前，集政府信息公开、政民互动交流、网上办事服务于一体的政务新媒体成为网络服务型政府建设发展的趋势。数字智慧赋能能够提高政务服务水平，拓宽政民互动渠道，践行网上群众路线，实现政务服务和新媒体有机融合，点亮指尖政府，助力国家治理现代化。截至 2022 年 12 月，我国在线政务服务用户规模达 9.26 亿，占网民整体的 86.7%[①]。截至 2023 年 4 月，全国一体化在线政务服务平台已涵盖 46 个国务院部门的 1 376 项政务服务事项，31 个省区市和新疆生产建设兵团共 549 万个政务服务事项。

　　传统媒体有着深厚的底蕴，在权威性、内容生产层面仍具有一定的专业优势，但是在内容分发渠道上往往失灵，容易造成优质内容无法被群众有效触及。此外，传统媒体在时效性、互动性方面也存在着天然的短板。这需要政务新闻通过拓展多平台协作，打造多渠道的个性化品牌，提高自有新媒体账号的知名度、美誉度和用户忠诚度[②]。新媒体是以信息技术为基础、以网络为载体进行信息传播的媒介。由于新媒体的传播优势，公众对传统媒体的使用频率逐步降低，转向与传播多元化、互动双向的新媒体进行沟通交流。据第 52 次《中国互联网络发展状况统计报告》公布的资料，如图 1-1 所示，截至 2023 年 6 月，我国网民规模达 10.7853 亿人，较 2022 年 12 月增长 1 109 万人，互联网普及率达 76.4%，较 2022 年 12 月提升 0.8 个百分点。

---

① 中国互联网络信息中心. 第 52 次中国互联网络发展状况统计报告［R］. 北京：中国互联网络信息中心，2023.
② 韩姝，阳艳娥. 政务新闻的短视频化特性与发展：以央视新闻中心官方微博"央视新闻"为例［J］. 传媒，2021（10）：60-62.

单位：万人

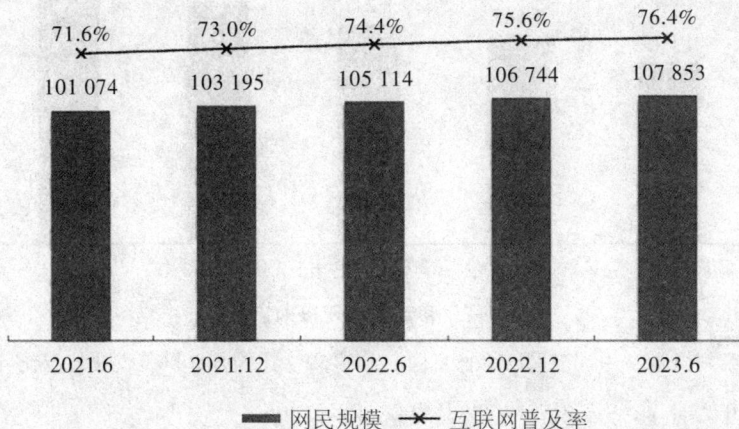

图1-1 网民规模和互联网普及率

资料来源：中国互联网络信息中心. 第52次中国互联网络发展状况统计报告〔R〕. 北京：中国互联网络信息中心, 2023.

　　如图1-2所示，2023年上半年，我国移动互联网接入流量达1 423亿GB，同比增长14.6%。随着我国移动互联网用户接入人数的不断增长和移动手机设备的广泛使用，利用智能手机等终端设备获取最新信息与服务已经成为常态。公众可在手机终端阅读政务新媒体上发布的政府信息，方便了公众也扩大了政府信息的传播范围。近年来，政务新媒体快速发展，在传播党和政府声音、开展政策解读、回应公众关切等方面发挥了积极作用。政务新媒体自主地向公众直接传播公共信息，它构成了媒体的本质属性并在新闻生态系统中发挥重要影响，对传统媒体的部分功能有所替代，进而影响和改变了传统媒体公共传播的中心地位[①]。

---

　　① 徐冠英. 重视"政媒关系"改变提升专业生产能力：关于政务新媒体影响媒体新闻生产的观察与思考〔J〕. 城市党报研究, 2022（10）：34-37.

单位：亿 GB

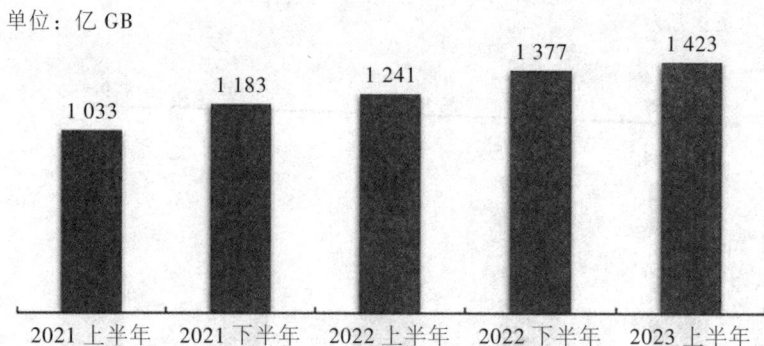

图 1-2 移动互联网接入流量

资料来源：中国互联网络信息中心. 第 52 次中国互联网络发展状况统计报告 [R]. 北京：中国互联网络信息中心，2023.

　　新媒体可以开拓更多的分发渠道，随着网络技术的提升和信息场域的不断扩大，政务新媒体已由单一信息公开模式的政府网站，拓展成为新媒体环境下微博、微信、客户端、短视频等多元模式构建的新媒体家族。以微博、微信、客户端、短视频等为代表的全媒体传播体系，有着传播速度快、覆盖人群广等优势，并且能发布各种形式的信息，与公众的信息需求相符合，能全面呈现许多热点事件，大大增强了传播效果。党的二十大报告提出，要加快建设网络强国、数字中国，加强全媒体传播体系建设，塑造主流舆论新格局，健全网络综合治理体系，推动形成良好网络生态。政府机构的信息公开和政务服务工作要利用好全媒体的传播优势，构建线上线下融合的立体同步传播体系矩阵，这样才能收到更好的媒介传播效果。例如，湖北长江云移动政务新媒体平台的建设，实现了对电视、广播、网站、微信、微博、客户端等不同类型媒体产品的融合，以及对湖北省不同区域媒体产品的聚合，逐步构建起媒体融合发展生态，逐渐由初级阶段的"相加"迈向高级阶段的"相融"。长江云平台各级产品的共建和运营，有效缓解了各市州党政机关过去独立建设新媒体平台的困境，实现全省一盘棋的新媒体平台建设和信息化建设，实现互联互通、合作共享的政务新媒体建设生态。

政务新媒体的运用有助于进一步增强政府网站的资源整合力度，推动政府网站信息与政务新媒体信息之间的联动交互发展，规避单个政务新媒体资讯质量不全面、信息碎片化等问题。2018年12月发布的《国务院办公厅关于推进政务新媒体健康有序发展的意见》明确要求：到2022年，建成以中国政府网政务新媒体为龙头、整体协同、响应迅速的政务新媒体矩阵体系，全面提升政务新媒体传播力、引导力、影响力、公信力，打造一批优质精品账号，建设更加权威的信息发布和解读回应平台、更加便捷的政民互动和办事服务平台，形成全国政务新媒体规范发展、创新发展、融合发展新格局。

随着媒体融合的深度推进，政务新媒体不断迸发出新的生命力。融媒体是媒体融合的简称，是将电视、广播、报刊等传统媒体与新兴的公众号、短视频等新媒体相互整合的一种运营模式，在政务服务工作中可以充分发挥其传播价值。媒体融合是近年来国家大力倡导并推行的政策之一。2017年1月，中共中央办公厅、国务院办公厅印发了《关于促进移动互联网健康有序发展的意见》，指出要大力推动传统媒体与移动新媒体深度融合发展。在2018年8月召开的全国宣传思想工作会议上，习近平总书记指出："要扎实抓好县级融媒体中心建设，更好引导群众、服务群众。"2018年11月14日，中央全面深化改革委员会第五次会议审议通过了《关于加强县级融媒体中心建设的意见》，会议指出组建县级融媒体中心，有利于整合县级媒体资源、巩固壮大主流思想舆论。2019年3月，《求是》杂志发表习近平总书记的文章《加快推动媒体融合发展 构建全媒体传播格局》，文章指出要深刻认识全媒体时代的挑战和机遇，全面把握媒体融合发展的趋势和规律，推动媒体融合向纵深发展，全面提高舆论引导能力，为实现"两个一百年"奋斗目标、实现中华民族伟大复兴的中国梦提供强大精神力量和舆论支持。2020年7月，中央全面深化改革委员会第十四次会议审议通过《关于加快推进媒体深度融合发展的指导意见》，会议强调，推动媒体融合向纵深发展，建立以内容建设为根本、先进技术为支撑、创新管理为保障的全媒体传播体系，牢牢占据舆论引导、思想引领、文化传承、服务人民的传播制高点。2020年9月，中共中央办公厅、国务院办公厅印发《关于加快推进媒体深度融合发展的意见》，指出要推动主力军全面挺进主战场，做大做强网络平台，占领新兴传播阵地。面对中央提出的全新课题，媒体融合从上到下迅速推进，并获得政策、资金的大力支持①。

融媒体是指包含了新媒体、自媒体以及传统媒体在内的，多种媒体相互融合、取长补短、共同发挥价值的运营理念。融媒体拓宽了政务信息的传播渠道，提高了政务信息的传播效果，用户获取信息的方式更加多元化。政务融媒体更加注重对社会资源的整合，提供多样化的政务服务，通过与政务部门的沟通、互动，承担起社会治理的相应角色与责任，成为运营相关政务活动的综合平台。在媒体融合快速发展的背景下，全国各级各地政府在推进媒体融合的道路上已经取得了一定的成就。在融媒体平台开展政务宣传，把握新闻宣传、舆论工作的主动权和话语权，可达到扩大影响力、彰显公信力、增强引导力的目标，提升新时代政务工作的实效性和针对性。

随着移动互联网的飞速发展，政府机构的社会治理模式正在发生变化。一方面，政务新媒体要履行其行政职责，行政职能赋予了政务新媒体在发布内容时的公信力和威信力；另一方面，承担起一般媒体

---

① 杜燕.中国媒体步入融合新纪元 超大型媒体集团将涌现［EB/OL］.［2023-12-15］. https://www.chinanews.com.cn/cul/2015/05-18/7284562.shtml.

的传播功能，是政府与公众合作治理社会的平台。2016年10月9日，中共中央政治局就实施网络强国战略进行第三十六次集体学习，习近平总书记在主持学习时强调："网络信息技术日新月异，全面融入社会生产生活，深刻改变着全球经济格局、利益格局、安全格局。世界主要国家都把互联网作为经济发展、技术创新的重点，把互联网作为谋求竞争新优势的战略方向。"他指出："随着互联网特别是移动互联网发展，社会治理模式正在从单向管理转向双向互动，从线下转向线上线下融合，从单纯的政府监管向更加注重社会协同治理转变。"这些变化深刻揭示了政务新媒体对公共服务和社会治理的重要影响。政务新媒体是互联网的传播主体之一，担负着信息传递、政务服务、互动沟通和舆论引导等多重功能和职责。借助互联网的工具和手段，政务新媒体改变了社会治理的模式，即从单向管理转向双向互动，从单纯政府监管转向社会协同治理，从事务管理、属地管理转向数据管理、扁平化管理，实现政治传播与公共服务的价值①。

信息社会，由于信息获取的便利性以及获取渠道的多元化，逐渐形成了多种媒体融合并存的传播格局。社会治理是复杂的系统工程，网络技术的发展和传播方式的深层改变不仅仅改变着媒体的发展格局，媒体融合发展也给社会治理模式创新带来更多可能性。政务新媒体在社会治理中扮演着政务信息传播者、社会舆论引导者、社会服务提供者。政务新媒体不仅仅是媒体，更是以互联网为载体的政务服务的线上延伸，政务新媒体的应用有助于实现政府社会治理模式的创新。《中华人民共和国数据安全法》《中华人民共和国个人信息保护法》《中华人民共和国网络安全法》这三部法律的制定为进一步推动数字治理法律规范化、体系化奠定了基础，围绕政府、社会、政务新

---

① 成娜.全媒体环境下政务新媒体创新能力提升研究［N］.吕梁日报，2021-05-23（4）.

媒体平台的多元协同治理体系正在逐步构建和形成，互联网在线政务服务日益成熟。以政务新媒体为载体，强化政府智慧治理新理念，打造政民互动政府治理新格局，构建协同联动政府治理新模式，政府治理体系正不断完善，治理能力不断提升。为了应对治理对象和治理环境的变化，政府适应并积极参与社会化媒体的使用，发布信息并与公众沟通，以构建民主、平等的治理领域，政务新媒体的蓬勃发展是电子政务发展进入新阶段的重要标志之一[①]。社会治理活动需要多元主体的共同参与，政务新媒体的特殊传播优势和官方认证的政务身份与定位能以最广泛的渠道在多个参与方之间建立连接关系，建立连接线上线下的沟通、协商、服务公众的途径，形成基于互联网政务服务的有序、协同的社会治理新方式。

随着互联网的普及和信息技术的发展，新媒体网络平台成为社会舆情传播的重要载体，深刻影响着社会舆情的传播方向、治理方式等。新媒体具有较强的时效性、互动性、传播速度快的特点，推动了新传播格局的形成，为政务信息的传播提供了较为广泛的方式。新媒体时代的社会舆情引导与治理不再是自上而下、刚性的舆论管理，而是借助新媒体的力量，注重与用户的互动，了解用户的需求和反映，及时地回应用户的关注和问题，同时要注意把握信息的真实性和客观性，是对话沟通、柔性引导的舆情治理。在这种社会舆论治理中，社会大众不再是被动接受官方话语的受者，而成为拥有了更多话语权和主动性的主体。政务新媒体的出现，极大弥补了传统政务信息发布时效性上的不足，尤其是在突发事件发布、重大舆情引导中，政务新媒体具有即来即发、用户广泛、定向精准等独特优势。突发事件的信息工作是政府数字化治理的重要内容。政务新媒体管理可以纳入信息治

① 李昱璇. 网络舆情治理视角下政务微博用户情绪倾向影响因素研究［D］. 成都：电子科技大学，2021.

理体系。2016年11月，国务院办公厅印发《〈关于全面推进政务公开工作的意见〉实施细则》，其中明确要求："涉及特别重大、重大突发事件的政务舆情，要快速反应，最迟要在5小时内发布权威信息……"在突发事件中，政务新媒体应在遵循政务信息公开和舆情回应的相关法律法规要求下，对事件作出迅速反应，通过政务新媒体发布消息。例如，2021年7月，河南省遭遇历史罕见特大暴雨，这一重大灾难发生时，也是网络舆情爆发的关键时期，人民日报作为中央政务新媒体，第一时间利用全媒体矩阵及时发布情况通报，对救援情况进行了持续报道，让公众能快速了解灾情进展和政府应对此次突发洪灾所采取的措施。随着河南特大暴雨灾害后续工作的推进，人民日报在2022年1月对郑州特大暴雨灾害调查结果进行了通报，以消除网民对灾情处理、灾情中人员伤亡情况等社会广泛关注的重点事件存在的疑问。由此可见，政府网站、政务微博、政务微信公众号等政务新媒体矩阵元素承担着政务公开、处理危机、引导舆论的责任。政务新媒体在疫情报道中对引导舆情话语策略，及时准确掌握舆情动态、开展新闻宣传、舒缓网民情绪、危机引导、沟通和提升网络空间治理能力方面起到主要作用，在社会公众和各级行政部门之间架起互动、沟通、协商的桥梁。

在重大突发公共卫生事件中，网民情绪更加敏感丰富，社交平台中的舆情传播机制更加复杂，舆情爆发现象层出不穷，对我国政府舆情管理能力提出了新的更高的要求。在社会舆情治理模式方面，从早期的政府单向传输模式转变为政民双向互动，政府机构要开通政民沟通绿色通道，加快公众诉求解决，并且在应对突发事件危机和公众舆论危机过程中，要建立长效危机预警机制，提高应急信息发布灵敏度。做好舆论引导工作，事关政府形象与社会稳定。2020年伊始，新冠疫情在全球暴发，这一重大突发公共卫生事件使得网络舆情热度不断升温，对政府进行舆情管理的能力提出了更高要求。新冠疫情作为波及全球的重大突发公共卫生事件受到广泛关注，疫情期间，许多政务新媒体战"疫"不停，政务新媒体在疫情期间不仅是"发布墙"、传播人，还是"扩音器"、服务者。他们加大发布权威信息的频次，勇于回应群众的关切，同时创新形式，增强发布信息的及时性、问题的针对性和服务的专业性，以此引导群众隔离防护、复工复产，成为疫情信息传播与服务中的主心骨。在抗击新冠疫情中，政务新媒体在发布疫情消息、引导舆论、普及防疫知识、宣传抗疫优秀事迹、提供便民服务等方面发挥着重要的作用。例如，人民网等政务新媒体依靠官方信息来源渠道，围绕疫情重大事项主动公开权威信息，舒缓公众焦虑，为疫情防控提供了有力的舆论引导主力军作用。疫情暴发初期，2020年1月20至1月31日12天的时间内，人民网微信公众号发布多条防疫、抗疫资讯，平均每天约7条信息，多篇报道阅读量超10万次，及时准确解读党和国家关于疫情防控的重大指示和举措，跟踪报道社会热点以引领社会公共关注。同时，人民网在抖音平台建立了政务新媒体平台，充分利用短视频形象化、碎片化、通俗易懂的传播特性，加大了政务信息的宣传力度。人民网对武汉市疫情防控的最新进展进行及时报道和关注，发布疫情防控知识使公众更好地了解疫情，降低公众对新冠病毒的恐惧。当火神山医院建设成为热议话题时，人民网通过5G技术手段的可视化方式，高清直播武汉火神山医院和雷神山医院建设实况，实时追踪疫情最新发展，有助于引导舆论方向，传播抗疫正能量，对于坚定人民群众战胜疫情的信心和决心起到了积极作用，为打赢疫情防控阻击战提供了有力的舆论支持。

1.2 研究意义

互联网技术飞速发展和广泛应用，为各级政府部门政务新媒体传播提供了更加便捷的渠道。政务新媒体是政府部门与群众互动沟通的媒介，具有权威性、时效性、互动性优势。新媒体逐渐成为政府政务管理中的重要角色。传统媒体下的传播方式，在政务信息传播质量、用户覆盖面、影响力方面存在一定局限性。新媒体作为优势集成的现代媒介传播渠道，应用到政务工作的实践中，为实现公众的知情权、参与权、表达权和监督权创造了有利的条件。用户信息需求呈现出个性化、差异化的特性，为适应现代IT技术迅猛发展的新变化，要充分利用互联网技术支撑下的新媒体平台来提升政府机构政务服务的能力和质量。本书的理论意义和实际价值在于：

1.理论意义

党的十八大以来，我国不断推进政府机制改革，推动服务型政府建设，政务新媒体是以互联网技术为支撑，转变政务治理理念，创新政务工作方法，与时俱进，提高政务工作的针对性、实效性、影响力的重要手段。目前学术界对新媒体环境下的政务服务能力优化的研究还处于起步阶段，已有研究中关注点主要集中在新媒体环境下政务信息服务和信息公开的建设运营策略、公众参与情况、影响力、社会治理方面的应用等。本书从用户角度出发，以用户感知为导向，对优化新媒体环境下的政务服务能力的影响因素进行研究，通过对用户参与政务新媒体的态度和行为开展研究，主要分析政务新媒体在信息服务和信息公开工作中存在的问题，提出政务新媒体服务能力与质量提升方案。本书的研究成果为促进用户对政务新媒体持续关注，提升政府透明度和政府公信力提供了一定的理论参考。

2.实际价值

政务新媒体的服务能力、服务质量和运营质量给政府公共治理、政务服务质量带来一定影响，政务新媒体的服务与质量也是影响服务型政府建设的重要因素。本书采取多种研究方法对政务新媒体平台在建设过程中存在的一些问题进行了探讨和分析，并结合优秀政务新媒体的建设启示，有针对性地提出优化建议。本书的研究成果有助于指导政府机构创新服务机制，了解时代的特性和社会公众的信息需求，更好地发挥出政务新媒体的优势，加强政府基于互联网平台开展信息服务和信息公开工作的资源规划与能力综合管理，从而加深社会大众对政府的信任和认可，有助于政府基于新媒体开展治理创新。

1.3 文献综述

1.3.1 政务新媒体的建设运营与服务质量提升研究

新媒体以迅猛的发展势头，为政府发布信息、为公众服务提供了政民互动的新平台。Kalathil等的研究指出中国是国际上互联网发展最快的国家之一，认为中国采用了"积极利用"的方针以应对互联网对政府公共关系的新挑战。[①]周家旺指出政务新媒体是政府机构或相关公职人员履行职责，提供信息公开、政务服务和网络问政的新媒体平台。[②]贾哲敏对中国政务新媒体的发展的四个历程（分别是试新探

① KALATHIL S, BOAS T C. The internet and state control in authoritarian regimes: China, Cuba and the counterrevolution (originally published in August 2001) [J]. Digest of the World Core Medical Journals, 2007, 6 (8): 577-581.
② 周家旺. 浅议政务新媒体对政务信息传播格局的影响: 以中纪委监察部网站的反腐报道为例 [J]. 传媒与教育, 2015 (2): 83-87.

素、并行发展、服务化转型和创新发展）进行了分析，基于社会化媒体属性、顶层设计、政府约束等因素，从主体、内容、行动、关系要素的组合角度提出新时代政务新媒体的三种发展路径，分别是"主体-内容"驱动传播效果路径、"主体-行动"推进服务绩效路径与"主体-关系"联结社会网络路径。①

　　一些学者对政务新媒体运营优化策略进行了研究。张爱红的研究以"中国政府网"微信公众号为例，归纳总结了政务新媒体的内容特征和传播策略，提出服务型政府视域下优化政务新媒体内容的策略。②黄家荣对政务信息内容生产和传播效果进行了分析，指出相对于价值引导和便民服务类信息，与政治宣传相联系的政务公开类信息在语言风格、内容陈述上缺乏新媒体思维。③肖显的研究中对"中国广州发布"传播政务资讯的策略进行了分析，指出政务微信平台在坚持舆论导向和立场定位要求的同时也要关注社会效益，微信公众号标题须准确传递政府机构的声音，也要有一定吸引力。④单冬等的研究中以警务微博的运营为例，阐明了警务微博存在的问题和优化警务微博运营的举措。⑤

　　地方政务新媒体公众号是地方政府开展政务公开信息发布、创新社会治理、促进和保障社会公众参政议政的新手段和新机制。一些学者对地方政府政务新媒体运营情况进行了研究。单文盛指出政务新媒体具有挖掘本地资源、服务本地民众的职责与使命，各部门所发布的内容可以围绕本部门的工作内容展开，结合本部门的职责特点进行宣

　　① 贾哲敏. 新时代政务新媒体：历程回溯与发展路径 [J]. 山西师大学报（社会科学版），2020，47（6）：83-88；124.
　　② 张爱红. 服务型政府视域下政务新媒体内容研究：以"中国政府网"微信公众号为例 [J]. 青年记者，2021（16）：54-55.
　　③ 黄家荣. 政务新媒体的内容生产和传播特征：以广东省政务新媒体为例 [J]. 传播与版权，2021（11）：64-66.
　　④ 肖显. 政务微信公众号如何让标题"吸睛"："中国广州发布"微信公众号标题特点与启示 [J]. 青年记者，2021（12）：75-76.
　　⑤ 单冬，陈颖. 政务微博运营机制研究：基于警务微博的运营 [J]. 青年记者，2020（35）：35-36.

传。①杨霞等对河南省政务新媒体发展情况、存在问题等进行分析，提出了"互联网+"视域下政务新媒体服务能力提升的策略，以发挥政务微博、微信、客户端等移动政务新媒体的传播优势。②袁子涵从信息发布、政民互动、便民服务三个方向对吉林省各级政府的政务微信服务现状、存在问题的原因进行分析、调查和研究，提出了提升政务微信服务质量的对策。③唐冰倩分析了新闻媒体马鞍山日报社代运营政务微信公众号的优势、经验和前景，指出媒体融合有助于传统纸媒在实践中开辟新发展方式。④李晨溪以"我的长沙"政务小程序为例探讨了政务服务在小程序平台中的实践特点及优势，从丰富互动模式、加强场景化建设、落实省级统筹三个方面对政务服务小程序的实践策略进行论述。⑤尹连根以南方某市的政务新媒体为研究对象，探讨了政务部门融入新媒体实践的主要特点，阐述了新闻与政治场域之间的融合实践模式。⑥孙宗锋等从"资源-环境"视角审视政务微博的建设和发展，采集了228个城市政务微博数据、城市层面面板数据（财政支持、信息化基础、教育水平、经济发展水平、城市规模等）来了解政务微博的发展状况、影响因素，研究结果指出地方政府建设政务微博需要获得广泛的社会资源支撑，公众受教育水平和信息化基础发展水平为政务微博的长期和良性发展提供了重要的支撑，是政务微博的重要推动力。⑦黄家荣以广东省政务新媒体为例，分析了政务新媒体的内容、形式与传播效果的关联性，探讨了如何提升政务新媒

①　单文盛，张梦洁．政务抖音的话语困境研究［J］．传媒观察，2021，454（10）：83-88．
②　杨霞，王彩坤，郭威．"互联网+"视阈下政务新媒体服务能力提升研究：以河南省为例［J］．电脑知识与技术，2020，16（31）：257-260．
③　袁子涵．吉林省县（区）级政府政务微信服务问题及对策研究［D］．长春：长春工业大学，2021．
④　唐冰倩．新闻媒体助推政务微信"华丽转身"［J］．新闻世界，2021（7）：34-36．
⑤　李晨溪．"互联网+政务服务"的实践探析：以"我的长沙"微信小程序为例［J］．视听，2021（7）：219-220．
⑥　尹连根．博弈性融合：政务微信传播实践的场域视角［J］．国际新闻界，2020，42（2）：100-120．
⑦　孙宗锋，郑跃平．我国城市政务微博发展及影响因素探究：基于228个城市的"大数据+小数据"分析（2011—2017）［J］．公共管理学报，2021，18（1）：77-89；171．

体传播效果的策略。①江美莲等以"海昏侯"文旅政务微博为例，构建了信息内容、信息发布时间和信息表现形式的微博传播效果影响因素回归分析模型，实证研究指出增加原创微博数量、满足用户的个性化需求、丰富信息发布形式、加强与用户互动等对策可提升微博运行效果。②鲍科美的研究指出在移动政务平台建设的过程中，要重视移动政务服务中隐私泄露和安全技术问题，政府部门作为保护用户隐私的主体和责任部门，要将保护用户隐私提升到战略高度。③

政务微信平台作为联系和服务各级组织和群众的网络工作平台，其信息服务内容和信息服务水平关系到基层民众对国家政策和民生服务的认知与态度。霍明奎对县级政务微信平台的信息服务质量进行评价研究，构建了县级政务微信平台信息服务质量评价指标体系，分析了县级政务微信平台在信息服务中存在有形性、响应性、实用性和移情性等方面的问题，基于用户需求提出了政务微信平台强化宣传效果的策略。④和逸群分析了辽宁省政务微信的建设现状、存在问题及原因，提出了加强辽宁省政务微信建设的策略。⑤林杉对福建省古田县下辖乡镇政务微信运营中在运营管理、信息发布、服务效能三方面的问题进行了分析，提出了完善微信运营的对策。⑥汤志伟等使用资源依赖理论，基于TOE框架从技术、组织、环境三个维度实证分析了影响政务微信服务能力的关键性因素，研究结果表明信息技术基础设施建设、移动应用端普及情况、财政资源、政策重视程度、市场化程度及上级压力显著正向影响地方政府政务微信服务能力的建设，东、

---

① 黄家荣. 政务新媒体的内容生产和传播特征: 以广东省政务新媒体为例 [J]. 传播与版权, 2021 (11): 64-66.

② 江美莲, 邓艳昕, 王玉琦. 影响文旅政务微博传播效果因素的实证探究: 以"海昏侯"微博为例 [J]. 出版广角, 2021 (8): 80-83.

③ 鲍科美. 扎根理论视角下移动政务App用户使用行为影响因素研究 [J]. 河北科技图苑, 2022, 35 (3): 52-58; 20.

④ 霍明奎, 吕智悦. 县级政务微信平台信息服务质量评价体系设计与应用研究: 以吉林省为例 [J]. 情报探索, 2021 (2): 74-81.

⑤ 和逸群. 辽宁省政务微信建设研究 [D]. 沈阳: 沈阳师范大学, 2021.

⑥ 林杉. 福建省古田县下辖乡镇政务微信问题研究 [D]. 上海: 东华大学, 2021.

中、西部地区地方政府政务微信服务能力在提升路径上呈现一定的区域差异。①

政务微信是服务大众的、打通连接基层的"最后一公里"的网上优质平台，具有"新闻+政务+服务"三位一体的政务微信功能。李琦等以"汉阳知音"公众号为例，从采编、功能、内容、策划四个层面对媒体政务微信传播策略开展了分析和研究。②赵琢驰以数字治理理论、整体性治理理论、使用与满足理论为理论基础，对"扬州税务"政务微信建设情况、经验、存在问题的成因开展研究，提出了完善政务微信建设的对策。③宁威对地方政务微信存在的"重信息、轻服务、重发布、轻互动"问题进行了探讨，指出地方政务微信公众号应从订阅号向服务号转型，做实内容生产，内容上应从资讯传播为主向在线办事为主转向，改善阅读体验，增加传播稳定性，建构长效品牌效应，以提升政府公信力，提高政务信息辐射传播的有效性。④

近年来，政务新媒体发展呈现多平台化，从早期的"两微一端一网站（微博、微信公众号、移动客户端及政府网站）"向短视频领域延伸，已经成为政务信息公开和政务服务的重要平台。短视频为政务新媒体服务于地方政府城市形象传播提供了新机遇，与早期的政务新媒体平台相比，政务短视频以直观性、形象性、动态性、新颖性等特点备受关注。邓元兵等以"上海发布"等省级行政区的行政中心所在城市的政务抖音号为研究对象，分析研究了我国地方政府如何通过短视频平台建构和传播城市形象，为地方政府未来运用短视频平台进行

---

① 汤志伟, 周维. 地方政府政务微信服务能力的提升路径研究 [J]. 情报杂志, 2020, 39 (12): 126-133; 163.
② 李琦. 区级融媒体政务微信传播策略研究: 以"汉阳知音"公众号为例 [J]. 新闻前哨, 2022 (2): 48-49.
③ 赵琢驰. "扬州税务"政务微信建设存在的问题及对策研究 [D]. 扬州: 扬州大学, 2021.
④ 宁威. 地方政务微信公号的存在问题与发展建议 [J]. 传媒观察, 2020 (3): 82-89.

城市形象建构和传播提供参考策略与建议。①

　　伴随着媒介技术不断变革、媒体资源日益融合和新媒体日趋完善，融媒体为政务信息公开和政务信息服务工作带来了全新的理念、方法、平台和技术手段。大众传播媒介对人们的环境认知活动产生的影响有共鸣效果、泛在效果和累积效果，不同媒体对同一事物进行连续报道的传播效果远远大于单一媒体的报道②。融媒体整合了传统媒体和基于互联网技术的新兴媒体的优势资源，内容融合满足了受众多渠道信息接触的需求，有助于形成宣传合力。一些学者对政务新媒体在融媒体背景下的发展情况进行了研究。瞿佳指出政务新媒体应用多元协同格局的建构为政务信息服务提供了优良的生态环境，是政务新媒体的时代优势。③许开德提出要推进媒体深度融合，以优化政务宣传效果，指出融媒体建设可以整合现有资源，通过融媒体采访中心、融媒体编辑中心、融媒体发布中心、融媒体运营中心、融媒体广告中心等形式，实现新媒体和传统媒体深度融合、相互促进、共同发展。④许韩敏分析了广东政务新媒体运营面临的机遇与挑战，指出了在融媒体背景下建设政务新媒体的发展与创新方向，建议通过商业平台的运营、加强前沿技术的跟进学习、关注舆论热点及传播方式的变化等方式实现融媒生态的构建。⑤付国华对广播政务融媒体传播实践中政务信息传播、政民互动、政务民生服务等方面进行了研究和探索。⑥刘洪涛等对山东省烟台市政务融媒体以"中央厨房"为核心，

---

① 邓元兵，范又文. 政务短视频对城市形象的建构与传播：以"上海发布"等政务抖音号为例［J］. 中国编辑，2021（11）：62-66.
② 木卡带司·阿地里江，罗小东. 融媒体环境下抖音消防政务号传播策略研究：以乌鲁木齐市消防救援支队政务号为例［J］. 新闻研究导刊，2021，12（20）：163-165.
③ 瞿佳. 媒介融合视域下政务新媒体的社会治理角色调适研究［J］. 东南传播，2022（1）：6-8.
④ 许开德. 推进媒体深度融合 优化宣传效果：以北海日报社"融媒体建设年"为例［J］. 新闻潮，2022（6）：3-5.
⑤ 许韩敏，张梦圆，代羽. 从构建融媒生态看广东政务新媒体运营［J］. 南方传媒研究，2020（5）：129-134.
⑥ 付国华. 融媒体背景下广播政务传播路径探索与实践［J］. 新闻研究导刊，2021，12（5）：102-103.

构建的一个中心、多个媒介平台、多终端的传播模式，"新闻+政务+服务"的智慧运营模式的发展路线图进行了分析与总结。①

　　国外学者对政务新媒体的建设运营研究主要围绕政府部门机构在主流社会化媒体平台上的政务 Facebook 账号与政务 Twitter 账号展开。社会化媒体是一种新媒体形式，是基于个人社交关系的传播信息载体。2004 年，马克·扎克伯格创建了社会化媒体网站 Facebook，根据数据服务提供商 Statista 的数据，截至 2023 第一季度，Facebook 月活跃用户数接近 30 亿网民，已发展成全球最大的社会化媒体平台。2006 年，Twitter 成立，可以让用户更新不超过 140 个字符的消息的推文（Tweet）。2023 年 7 月，Twitter 应用更名为 X，是全球最活跃的社会化媒体平台之一。政府可以利用社会化媒体来提高人们对政府的认识和政治事务的参与度，Frimpong 等调查了加纳政府使用社会化媒体的程度，并比较了它与其他经合组织国家政府使用社会化媒体的程度②。Fashoro 等对南非政府的一些新媒体平台的页面内容进行分析，研究结果指出这些平台主要用于信息发布，但公众的参与却十分有限。③Criado 等探讨了利用 Twitter 等新媒体可以创新电子政务的应用，从工具、目标和主题这三个维度分析了社会化媒体在政府中的作用，研究表明社会化媒体可以提高政府信息的开放性和透明度，促使政府为公民提供更好的信息服务。④Nadzir 等指出应当鼓励政府机构通过 Facebook 等社会化媒体平台增加与公民的接触。⑤Chun & Hisham 等考

①　刘洪涛，刘静. 传媒"新闻+政务服务商务"实践的"烟台路线图"：烟台日报传媒集团媒体深度融合的再探索 [J]. 城市党报研究，2022（8）：15-18.
②　FRIMPONG A N K, LI P, ADU-GYAMFI S, et al. Context of the Ghanaian government: social media and access to Information [J] ICT Systems and Sustainability, 2021, 1270: 741-751.
③　FASHORO I, BARNARD L. Assessing South African government's use of social media for citizen participation [J]. The African Journal of Information Systems, 2021, 13（1）: 58-76.
④　CRIADO J I, SANDOVAL-ALMAZAN R, GIL-GARCIA J R. Government innovation through social media [J]. Government Information Quarterly, 2013, 30（4）: 319-326.
⑤　NADZIR M M. Proposed E-government 2.0 engagement model based on social media use in government agencies [C] //2019 IEEE Conference on E-learning, E-management & E-services（IC3E）. [S.l.]: IEEE, 2019: 16-19.

察了埃及政府社会化媒体网站的现状、应用和有效性，指出埃及政府主要使用社会化媒体网站发布信息，公民与政府之间的互动较少。[①]Adam 等的研究指出，国家层面因素在利用社会化媒体促进电子政务的发展和电子商务在全球的传播方面会产生一定的影响。[②]Madyatmadja 等的研究基于透明度、开放性、参与性和协作性这四个维度，以政府部门使用社会化媒体完成的政治、经济、社会、文化、国防和安全等各方面活动，以及处理投诉、报告和文件、批评和建议、向公众传播信息等政府活动为例，研究了政府工作人员使用社会化媒体的影响因素。[③]Falco 等讨论了政府使用社会化媒体过程中需要识别面临的挑战、障碍和问题，以更好地采取措施和部署行动，使政府能与公众间实现无障碍交流和互动的目标。[④]Adrees 探讨了中东和北非各国政府采用社会化媒体工具向公众提供的服务，提出了一个如何利用社会网络升级和优化政府服务的框架，有助于推动各国可持续发展。[⑤]

　　社会化媒体已成为个人、组织和政府首选的沟通方式，为更好地实现社会化媒体技术带来的益处，在政府有效使用社会化媒体的策略方面，Fashoro 等在研究中采用"技术–组织–环境（TOE）"理论、"使用与满足（U&G）"理论构建了研究框架，来探究政府社会化媒体的使用能力与公民需要匹配的情况，对城市公民进行调查，并采访

① ABDELSALAM H M, CHRISTOPHER C G. Social media in Egyptian government websites: presence, usage, and effectiveness [J]. Government Information Quarterly, 2013, 30 (4): 406–416.

② ADAM I O, ALHASSAN M D. The role of social media in the diffusion of E-government and E-commerce [J]. Information Resources Management Journal, 2021, 34 (2): 63–79.

③ MADYATMADJA E D, SANO A V D, SIANIPAR C P M, et al. Factors influencing the uses of social media within the government: a systematic literature review [C] //2020 International Conference on Information Management and Technology (ICIMTech). [S.l.]: IEEE, 2020: 835–840.

④ FALCO E, KLEINHANS R, PEREIRA G V. Challenges to government use of social media [C] //Proceedings of The 19th Annual Anternational Conference on Digital Government Research: Governance in The Data Age. 2018.

⑤ ADREES M S, SHETA O E, OMER M K, et al. A framework of promoting government services using social media: Sudan E-government case study [J] Journal of Physics: Conference Series, 2019, 1167 (1): 012062.

了负责社会化媒体运营的员工，以确定政府机构使用社会化媒体的最佳方法，更好地满足公民需求。[①]Criado等测试分析了欧洲城市委员会领导小组发布在Twitter上的数据内容，从提供信息、公民互动和提供公共服务三个方面探讨了地方政府在社会化媒体上创建内容所使用的策略。[②]Cho等的研究中指出印度尼西亚万隆市政府官方社会化媒体的主要形式是政府对公民（G2C）互动和公民对政府（C2G）沟通，其中政府Twitter账户上开展的政府对公民互动占主要部分。[③]Li等基于Lasswell传播框架，以Orlando、North Charleston等美国增长最快的城市社会化媒体平台为例，在研究中采用社会化媒体传播指数（SMCI）来比较和评价不同城市政务社会化媒体的传播有效性。研究结果表明SMCI与人口增长率和教育水平呈正相关。[④]

1.3.2 政务新媒体的服务与社会治理研究

新媒体时代，技术为公众赋权，使其不再仅仅是政务信息的被动接收者，而是能够通过新媒体平台随时随地表达自己所思所想，广泛参与社会治理。新媒体也是社会责任的承担者，是参与社会治理的主体。国内关于政务新媒体服务与社会治理的研究主要议题包括：政府机构利用新媒体与社会公众改善关系的研究、政务新媒体服务用于基层治理的研究、政务新媒体服务在舆情引导、危机管理、突发事件中的应用研究。新媒体平台作为政务部门面向社会公众的平台，开展治

① FASHORO I, BARNARD L. Conceptual framework for government social media use: combining citizen and government perspectives ［C］//ECSM 2019 6th European Conference on Social Media. ［S.l.］: Academic Conferences and Publishing limited, 2019: 316.

② CRIADO J I, VILLODRE J. Delivering public services through social media in European local governments. An interpretative framework using semantic algorithms ［J］. Local Government Studies, 2020, 47 (2): 253-275.

③ CHO W, MELISA W D. Citizen coproduction and social media communication: delivering a municipal government's urban services through digital participation ［J］. Administrative Sciences, 2021, 11 (2): 59.

④ LI R, RAHAMAN M M, TANG Z H, et al. Assessing social media communications of local governments in fast-growing U.S. cities ［J］. The Professional Geographer, 2021, 73 (4): 702-712.

理服务时也塑造着政府形象，在一定程度上也影响着政府公共关系。在政府机构利用新媒体与社会公众改善关系的研究方面，张路正等的研究采用SWOT方法对政府使用政务抖音号进行了分析，指出政务抖音号对政府机构在打造亲民的政府形象、提升政府服务效率和公共治理能力、方便政民交流互动方面将带来积极影响①。在政府管理数字化的建设过程中，新媒体正在逐渐成为重要的信息互动载体和社会治理平台，沈中禹等在研究中对新媒体推动社会治理能力提升的效能与路径进行了分析，指出新媒体作为主流媒体的新形态，既可以在参与治理的过程中独立发挥媒体职能，也可以作为平台与其他治理主体联结，实现信息共享②。刘泾分析了政务微信的功能价值、政务微信与政府治理的内在关联，阐述了政务微信在推进政府社会治理创新中面临的困境与挑战。③

新媒体平台作为政府部门与公众之间最直接的联系，在构建政府与人民的关系中起着重要作用。白树亮等在研究中从对话公关理论角度分析了政务微博的对话缺陷与可行性，提出政务微博应从革新理念、深谙功能、主动发声三方面进行创新转向，促进政府和公众构建和维护良好关系。④于真真分析了新媒体环境下的政府公关问题，对政府危机公关工作提出了解决策略，有助于实现政府良好形象塑造。⑤李峥的研究对新媒体环境下南京市政府网络公关工作存在的问题、问题形成的主要原因和增强政府网络公关能力的对策进行了分析。⑥

---

① 张路正，梅国平. 基于SWOT分析的政务抖音优化路径研究 [J]. 电子政务，2019（9）：113-124.
② 沈中禹，王敏，侯艳宁. 新媒体助推社会治理能力提升的实践效能与路径分析 [J].河北青年管理干部学院学报，2023，35（6）：65-68.
③ 刘泾. 基于政务微信的政府治理模式创新研究 [J]. 情报科学，2020（6）：62-66.
④ 白树亮，李元. 理念、功能与话语：对话公关视野下政务微博的创新转向 [J]. 青年记者，2021（3）：70-71.
⑤ 于真真. 新媒体环境下的政府危机公关研究 [D]. 成都：西南交通大学，2017.
⑥ 李峥. 政府网络公共关系研究 [D]. 南京：南京大学，2016.

　　政务新媒体构建了共治共享的新治理格局，促进了基层治理能力适应现代化进程，提升了广大社会公众的获得感和幸福感。政务新媒体有助于打通政务信息传播"最后一公里"，在构建基层治理的公共领域中，实现政府与居民间的交往互动。刘良模的研究从内容形式、服务引导、多元协同治理等角度考察了社区政务新媒体参与政务服务和基层社会治理的实践情况。①伊玫瑰指出新媒体的使用有利于充分调动社区居民参与社区治理的热情，通过厦门市海沧区的实践案例分析了新媒体参与社区治理的创新路径和实践应用。②姚瑶的研究指出新冠疫情期间政务新媒体在基层治理中的应用有效推动了疫情防控工作的开展，指出政务新媒体可以充分调动宣传矩阵力量，在抗击疫情等方面起了重要宣传作用。③

　　政务新媒体是政府部门实现基层治理的有效工具。高新华从政务新媒体的属性视角出发，以我国人大的官方微信平台为例，研究了如何利用微信平台特性（功能属性、开放程度、用户关系）提升政务服务能力、促进公民参政议政、引导舆论健康有序的问题展开路径探究④。基于政务新媒体的文本挖掘，有助于政府机构用于了解民情民意、预测舆情走向，从而调整政策或开展舆情控制。马超等采用情感词典方法构建了政务微博情感极性分析模型，对上海公安机构微博评论开展研究，对微博平台提供的微博转发量、评论量和点赞量三大属性信息进行了相关性分析。⑤陈世香等的研究指出，政务微信平台为服务对象提供的内容自主选择权和线上反馈意见的方式，有助于形成

---

　　① 刘良模. 智媒时代政务新媒体参与社区治理路径研究 [J]. 中国广播电视学刊，2022（5）：60-64.
　　② 伊玫瑰. 新媒体视域下的社区治理创新 [J]. 传媒，2022（5）：74-76.
　　③ 姚瑶. 融媒体时代政务新媒体如何助推社会基层治理：以疫情中"广州YX发布"宣传效果为例 [J]. 新闻研究导刊，2021，12（17）：170-172.
　　④ 高新华. 从政务新媒体属性视角探究政务微信建设路径：以"全国人大"为例 [J]. 新闻传播，2021（5）：58-59；62.
　　⑤ 马超，余辉，夏文蕾，等. 政务微博评论中情感极性分析方法研究：以上海公安机构微博为例 [J]. 现代情报，2020，40（3）：157-168.

更有效的参与激励与需求表达机制，促进公共文化服务精准对接需求，实现服务供给的需求导向。①

　　网络是公民进行政治表达、政治参与的主要平台，在维护社会和谐和推进社会主义民主法治进程中，网络舆论正深刻地影响着中国社会。②在以新兴媒体为主的民间舆论场，舆论生成途径愈来愈多样化，传播内容涉及民生、社会保障、权利保障等社会生活的各个方面。借助网络，来自政府部门和公众的信息可以快捷地双向传播，具有传播主体的多元化，用户拥有信息传播者与信息接收者的双重身份。③张冬等的研究指出主流政务新媒体通过发挥意见领袖主导作用、主动回应虚假信息、跟踪报道社会热点等话语引导策略，能够有效平复网民恐慌和不满情绪，引导公众信息关注焦点重新回归理性。④石国良等以政务微博评马保国事件为例，通过对微博评论进行内容分析，对政务微博用于"弱"议题事件（科技、文化、娱乐等社会领域发生的参与主体较少、传播范围有限、事件破坏性低的议题事件）舆论引导中的网民情感开展了原因分析研究，探索网民对于"弱"议题舆论引导的情感取向并分析原因。⑤

　　网络舆情是网络环境下由各种社会群体构成的网民对所关切或与其相关的公共事务、社会问题、社会事件等所持有的认知、情感和评价的信息集合。梁荣合等指出运用新媒体弘扬主旋律，传播正能量，正确引导社会舆论，科学应对突发事件，对保持经济社会平稳较快发

　　① 陈世香，唐玉珍. 政务微信提升公共文化服务效能的模式分析：深圳"南山文体通"的个案研究 [J]. 图书情报工作，2020，64（17）：74-83.
　　② 倪永军，杨冰之，林丽娴. 新媒体时代的人大网站建设与工作创新 [J]. 中国信息界，2013（10）：72-75.
　　③ 董育雄，马琳. 新媒体语境下"两个舆论场"的良性立法互动：以湖北省人大"公推公选"2015年度立法建议项目活动为例 [J]. 新闻前哨，2016（1）：66-68.
　　④ 张冬，魏俊斌. 情感驱动下主流媒体疫情信息数据分析与话语引导策略 [J]. 图书情报工作，2021，65（14）：101-108.
　　⑤ 石国良，王国华. 政务微博"弱"议题舆论引导中的网民情感及其原因分析：基于重要媒体评马保国事件的个案分析 [J]. 情报杂志，2021，40（6）：156-162；142.

展、推进社会主义民主法治建设具有重要意义。①陈楠指出新媒体时代，我国的社会舆论环境已发生巨大变化，在这种情况下政府机构的社会舆情治理方式也要进行相应变革，推动政务新媒体健康发展，提升政务新媒体在社会舆情治理中的引领力。②孙韵指出政务新媒体在网络舆论引导中扮演三类角色，分别是信息解释者（向社会公众发布信息、解读信息）、意见平衡者（具备媒体环境监视和社会协调的功能）、社会对话组织者（提供聚合各种社会资源的平台，将更多的表达和参与机会给社会公众）。③

网络舆情是民意在网络平台上的一种表现形态，背后隐藏着公众未公开的情绪、态度和意见。易明等在研究中将政府发布内容挖掘研究与用户创造内容挖掘研究有机结合，采用情感分析方法识别公共价值共识，引入机器学习方法构建公共价值共识模型，阐述影响政务新媒体共识达成的重要因素及其作用方式。④涂亚卓指出网络舆情是社会舆论在网络空间的映射，是公众情绪的集中表达。准确把握舆论的特点和规律，加强对舆论影响的引导和完善，拓展公民政治参与的公共空间，对促进我国社会民主政治建设具有重要意义。⑤

政务新媒体是坚持网上正确舆论导向，探索社会治理新模式，提高社会治理能力的重要途径。刘晓娟等在研究中引入政府危机管理系列理论，使用内容分析法，对新冠疫情事件中政务微博上信息公开和评论数据开展探究，围绕网民的社会情绪、焦点探讨信息公开与舆情

<hr>

① 梁荣合，宋涛. 做好新媒体环境下的人大新闻宣传工作 [J]. 山东人大工作，2013（12）：13-15.
② 陈楠. 政务新媒体：开展社会舆情治理的重要载体 [J]. 传媒，2021（12）：53-55.
③ 孙韵. 政务新媒体网络舆论引导策略研究 [J]. 新闻研究导刊，2022，13（13）：123-125.
④ 易明，姚玉佳，胡敏. 融合 XGBoost 与 SHAP 的政务新媒体公共价值共识可解释性模型：以"今日头条"十大市级政务号为例 [J]. 图书情报工作，2022，66（16）：36-47.
⑤ 涂亚卓. 推进"政务+"，拓展政府网站的舆论影响：湖北省政府门户网站重点案例解析 [J]. 新闻前哨，2021（9）：24-25.

演化的双向作用机制。①胡国强指出人大工作要积极运用新媒体工具，引导网络舆情，把握社会热点问题，与网民平等互动地交流，建立公众网络意见收集、评估、吸纳、反馈机制，搭建公民有序政治参与和与人大工作互动的平台。②

随着"互联网+政务服务"的有效推进，政务新媒体在突发事件响应中发挥了重要的舆论引导作用。樊晓燕指出政府在应对突发事件中要强化主体责任意识，成为网络舆情的意见领袖，政府的声音要形成网络上的主流意见，把握舆情的主导权，用权威的声音来稳定舆情发展态势，为公众作出理性判断创造条件。③罗郑雅指出在突发公共事件中，政务新媒体矩阵通过信息共享，共同对外发声，及时对事件作出回应、公布真相，避免社会上的不实言论或谣言带来的负面影响，使公众能够及时了解事情真相，减少恐慌心理，维护社会稳定。④章艺在研究中建立了新媒体视角下突发公共事件中政府与社会公众间沟通互动的框架图，提出了新媒体时代政府公共危机管理的优化建议。⑤熊一鸣以"武汉发布"政务微博账号为例，从政务微博在危机管理中作用的六个方面展开内容分析，挖掘政务微博在危机治理的不同阶段的差异性，分析了政务微博在危机管理中的监测预警、信息发布、公众互动、舆情引导等方面的作用效果与缺陷。⑥

政务新媒体是政府部门与群众互动沟通的媒介，可以共享突发事件的数据资源、发布权威信息进行辟谣，有助于抑制谣言的肆意传

---

① 刘晓娟，王晨琳. 基于政务微博的信息公开与舆情演化研究：以新冠肺炎病例信息为例 [J]. 情报理论与实践，2021，44（2）：57-63.
② 胡国强. 移动互联网时代人大宣传的几点思考 [J]. 人大研究，2013（6）：17-18.
③ 樊晓燕. 自然灾害危机事件中政务新媒体传播导向研究 [J]. 新闻前哨，2022（11）：4-6.
④ 罗郑雅，唐有志. 我国政务新媒体矩阵存在的问题及对策研究 [J]. 齐齐哈尔大学学报（哲学社会科学版），2022（8）：72-75.
⑤ 章艺. 新媒体视角下政府公共危机管理研究 [D]. 南昌：江西财经大学，2018.
⑥ 熊一鸣. 政务微博在危机管理中的作用机制研究：以新冠疫情中的"武汉发布"为例 [D]. 济南：山东大学，2021.

播，也可以提高政府的公信力，推进舆情管理的精准政务服务。李一铭等在研究中引入高斯过程分类模型，提取了新浪微博博中"新冠病毒"相关话题，分析微博舆情数据的关键词特征、数据源特征，衡量突发事件多源数据的可信程度，以精准防控为导向，提出了面向政务微博多元主体协同的舆情引导机制。①段尧清等对政府部门网站和政府开放数据平台上新冠疫情数据发布状况进行了调研，分析两类政府网站疫情专题数据发布的可获得性与易使用性状况。②邓喆等以疫情期间政府机构微博和党政领导微博发布的博文和评论数据为研究对象，从疫情响应、议题设置、影响力这几方面对政务微博在重大疫情防控舆论引导的内容特征、网络交互情况，分析政务微博的协同现状。③赵雪芹等指出重大突发公共卫生事件中，疫情的关键信息掌握在官方媒体手中，舆情核心传播内容往往由官方媒体发布，舆情传播主体之间呈现出"官方媒体引爆—知名人物加速扩散—线下网民分区传播"的传播路径。④

短视频的巨大流量吸引了大量政府机构的入驻。短视频为政务新媒体的迭代升级提供了新的契机，许多政府机关在短视频平台开通了官方账号，短视频逐渐成为政务新媒体信息传播的新阵地。短视频平台发展成为网民发表言论的集散地，利用短视频的巨大流量对海量用户产生引导作用。单文盛等从表达内容、表达风格和传播空间三个方面具体分析政务抖音在传播中出现的困境，指出建构符合短视频机制的政务话语体系，革新不同面向、目的的语态表达，促进内容的差异化、分众化生产等方面是提升政务抖音话语表达影

① 李一铭，徐绪堪，王普查. 面向突发事件的网络舆情可信度评估及政务微博引导研究［J］. 情报杂志，2021，40（11）：87-92.
② 段尧清，周密，何俊雨. 中国政府网站新冠肺炎疫情专题数据发布状况研究［J］. 贵州省党校学报，2020（5）：70-79.
③ 邓喆，孟庆国，黄子懿，等. "和声共振"：政务微博在重大疫情防控中的舆论引导协同研究［J］. 情报科学，2020，38（8）：79-87.
④ 赵雪芹，蔡铨，王青青. 重大突发公共卫生事件的网络舆情传播机制研究及反思：以新冠肺炎疫情为例［J］. 晋图学刊，2020（6）：1-8；34.

响力的有效手段。①张丽等对共青团中央抖音短视频号发布的内容进行了内容分析和回归分析，系统考察了政务短视频的内容属性、剪辑属性和发布属性三个维度的因素对共青团中央抖音短视频传播效果的影响。②杜杨沁在研究中构建了衡量政务短视频运营效果的指标体系，提出了"品牌宣传与形象塑造""知识分享与舆论引导""活动推广与用户互动"三个政务短视频平台典型应用场景及匹配的运营策略，以增强政务短视频的传播力、引导力、影响力和公信力。③祁凯等指出网民在政务短视频平台获取信息时易被短视频文案或评论区中的情绪倾向影响，建立了基于SEIR模型的政务短视频网民情绪感染模型，对政务短视频中网络舆情的情绪感染路径进行深入研究。④

短视频平台因其交互性、实时性、临场化、生活化等特点成为时代热点，可以作为政务信息传播、社会舆论宣传的重要载体，公众可以通过短视频平台密切跟踪事态进展。吴争春等探索了新冠疫情背景下政务机关抖音短视频平台的参与和治理实践，提出了政务新媒体应对重大疫情的策略和优化路径⑤。刘琼等从政府管理角度出发，指出危机情境下政府可以应用政务短视频对热度较高的事件作出回应，进行网民情绪疏导，引导正向情绪的传播。⑥陈强的研究以共青团中央政务B站号为例，以内容主题、视频类别、封面图类别、视频剪辑率、屏幕形式等数据构建了政务B站号信息传播效果评价模型，系统

---

① 单文盛，张梦洁. 政务抖音的话语困境研究 [J]. 传媒观察，2021，454 (10)：83-88.

② 张丽，李秀峰. 共青团中央抖音短视频的传播效果及影响因素分析 [J]. 中国青年社会科学，2022，41 (2)：30-42.

③ 杜杨沁. 基于短视频的政务新媒体运营策略研究 [J]. 河北工程大学学报（社会科学版），2022，39 (1)：54-58.

④ 祁凯，李昕. 基于S3EIR模型的政务短视频网民情绪感染路径研究 [J]. 情报理论与实践，2022 (10)：164-168；124.

⑤ 吴争春，李沁媛. 短视频时代政务媒体应对重大疫情的现实反思与优化路径 [J]. 山西高等学校社会科学学报，2022，34 (8)：31-36；2.

⑥ 刘琼，马文婷，范一欣. 短视频平台突发公共事件的网络情绪呈现及舆情治理：以Bilibili网站"新冠疫情"议题为例 [J]. 电子政务，2021 (6)：52-65.

考察影响政务 B 站号信息传播效果的因素。①张锦涛等从政务特征和技术特征两个角度出发，对我国政务 B 站号的传播效果进行实证分析，以揭示行政级别、单位性质、服务行业等因素对于政务新媒体传播效果的影响。②

在国外，政务新媒体应用于社会治理方面的研究一直是政务治理领域最重要、最具活力的研究领域之一，主要议题包括：政府部门使用社会化媒体改善与公众之间关系的研究、政府部门利用社会化媒体开展公共管理工作的研究、危机管理和舆情引导方面的研究。Tong等对 2000 年至 2018 年发表的 600 多篇社会化媒体和政府信任相关的学术出版物进行了科学计量分析以更好地理解 19 年间在这一领域研究的发展趋势。研究结果表明，该领域的学术出版物数量迅速增加，已成为越来越受关注的跨学科研究课题，美国、中国、澳大利亚和欧洲国家拥有这一主题领域最富有成效的作者和机构。在研究中，Tong等确定了现有文献中最热门的社会化媒体和政府信任研究主题——主要包括互联网与政府治理之间的关系、社会化媒体对政府信任的影响、社会化媒体对政府危机应对的贡献。③

在政府机构使用社会化媒体（Facebook、Twitter 等）改善与公众的关系方面，政府机构使用社会化媒体有助于改善与公众互动、沟通交流的绩效，以及改善政府的社会声誉。Kim 等认为网络社会化媒体是政府开展公关的重要平台。④Picazo-Vela 等认为社会化媒体是重塑政府与公民关系的强大工具，他们收集了墨西哥中部的公务员使用社

---

① 陈强，张杨一，马晓悦，等. 政务 B 站号信息传播效果影响因素与实证研究 [J].
图书情报工作，2020，64（22）：126-134.
② 张锦涛，方浩，王维. 我国政务 B 站号传播效果现状及影响因素研究 [J]. 电子政务，2022（6）：49-62.
③ TONG P S, SONG Z P. Knowledge mapping of government trust and social media research: a visual analysis using citeSpace [J]. Journal of the Australian Library and Information Association, 2021, 70 (2): 139-156.
④ KIM S K, PARK M J, RHO J J. Effect of the government's use of social media on the reliability of the government: focus on Twitter [J]. Public Management Review, 2015, 17 (3): 328-355.

会化媒体应用平台的相关数据，研究指出社会化媒体平台有助于改善政府与公民的沟通关系，提高政务透明度和公民参与程度，并能促进政府文化和组织实践的变革，应当建立恰当的实施策略来实现社会化媒体的有效功能并尽量避免其风险。[①]HyehyunHong 对美国公民进行了调查，研究了公众使用政府网站的经验是否会影响其对政府公共关系的感知。[②]政府机构越来越多地使用社会化媒体与服务对象建立联系，这些联系有助于扩展政府服务、征求新想法、改进决策和解决问题。Wahyunengseh 指出政府社会化媒体是一种工具，有助于政府公共政策的成功实施，政府需要将公众视为合作伙伴而不是旨在控制公众行为，在研究中分析了印度尼西亚新冠病毒大流行期间的国家和公民关系，使用了文本分析方法对社会化媒体上发布的信息和公众评论进行分析，考察了政府沟通中的主题模式和公众的情绪。[③]Luna 认为社会化媒体是政府、公众和数据模型互动的驱动力，研究中引入社会化媒体公众参与模型、社会化媒体数据共享模型、社会化媒体实时协作政府模型这三个模型，分析了政府、公众和数据模型之间通过社会化媒体产生的互动关系。[④]

社会化媒体的使用可提高政府工作的透明度。在政府部门利用社会化媒体开展公共管理工作的研究方面，Gašpar 等探讨和比较了西巴尔干国家在社会化媒体上的活动，指出政府机构政务公开模式的基础是公众获取有关政府工作信息的透明度、公民参与制定社会政策的参

① PICAZO-VELA S, GUTIÉRREZ-MARTÍNEZ I, LUNA-REYES L F. Understandingrisks, benefits, and strategic alternatives of social media applications in the public sector [J]. Government Information Quarterly, 2012, 29 (4): 504-511.
② HONG H H. Government websites and social media's influence on government-public relationships [J]. Public Relations Review, 2013, 39 (4): 346-356.
③ WAHYUNENGSEH R D, HASTJARJO S. Big data analysis of policies on disaster communication: mapping the issues of communication and public responses in the government social media [C] //IOP Conference Series: Earth and Environmental Science. [S.l.]: IOP Publishing, 2021, 717 (1): 012004.
④ CHUN S A, REYES L F L. Social media in government [J]. Government Information Quarterly, 2012, 29 (4): 441-445.

与度和政民与政企之间的协作度①。由于越来越多的人使用社会化媒体来表达对政府提供服务的看法，Driss 等指出政府机构的决策者须使用必要的工具来全面提取这些有价值的知识来辅助他们的决策过程，研究中采用基于文本语义分析工具的通用框架，从社会化媒体网络中提取有价值的数据，为政府决策者提供新的信息②。通过社会化媒体进行政民互动也带来了与安全、隐私、数据管理、可访问性、社会包容、治理和其他信息政策问题相关的新挑战。Bertot 等研究了政府机构对社会化媒体应用监管框架面临的机遇、挑战和策略。③ Yavetz 等考察了政府部门在政务社会化媒体上发布的信息，对以色列政府各部门在 Facebook 上发布的帖子采用基于内容分析的研究方法，分析了政府机构社会化媒体上所发布信息的链接特性、媒体类型、内容和发布频率等特征。④

国外政府机构越来越多地使用社会化媒体开展危机管理，进行舆情引导。Graham 等的研究利用从美国地方政府收集的调查数据，探讨了社会化媒体在政府危机管理中的应用。研究结论表明社会化媒体的使用程度与政府对危机局势的评估、政府应对危机能力正相关。⑤ Guo 等指出通过政府社会化媒体账户成功进行危机管理很大程度上取决于公民的评论和分享参与程度，研究结果表明情感支持、外部政治效能、谣言控制、公民技能和动员是评论和分享的重要前因。⑥当威

---

① GAŠPAR D, MABIĆ M. Social media: towards open government [J]. Economics of Digital Transformation, 2019: 353.

② DRISS O B, MELLOULI S, TRABELSI Z. From citizens to government policy-makers: social media data analysis [J]. Government Information Quarterly, 2019, 36 (3): 560-570.

③ BERTOT J C, JAEGER P T, HANSEN D. The impact of polices on government social media usage: issues, challenges, and recommendations [J]. Government Information Quarterly, 2012, 29 (1): 30-40.

④ YAVETZ G, AHARONY N. Social media for government information dissemination: content, characteristics and civic engagement [J]. Aslib Journal of Information Management, 2021, 73 (3): 473-496.

⑤ GRAHAM M W, AVERY E J, PARK S. The role of social media in local government crisis communications [J]. Public Relations Review, 2015, 41 (3): 386-394.

⑥ GUO J P, LIU N, WU Y, et al. Why do citizens participate on government social media accounts during crises? A civic voluntarism perspective [J]. Information & Management, 2021, 58 (1): 103286.

胁人们生命健康的病毒暴发时，许多政府社会化媒体平台发布信息以改善公众健康意识和宣传预防措施，以及应对病毒引发的谣言传播、舆情危机现象。Hagen等考察了2015—2016年期间的美国联邦、州和地方政府在寨卡病毒暴发时期使用Twitter的行为，指出有效地使用社会化媒体工具可以促进政府在危机事件中的沟通工作。①

在新冠疫情暴发期间，政府机构广泛使用新媒体发布疫情发展趋势、疫情防控信息、政府应急策略等方面的信息。Van等指出社会化媒体推动了所有参与者之间的信息流通，在健康危机期间社会化媒体可以用来增强公众对科学专业知识的信任，研究中探讨了在荷兰科罗纳冠状病毒暴发后，疫情期间科学家、决策者、记者和公众如何运用社会化媒体来引导舆论信息和控制言论。②Feng等在研究中使用了问卷收集方法来调查新冠疫情暴发期间用户的社会化媒体使用习惯，研究结果表明在突发公共卫生事件背景下，社会化媒体对应急信息的传播具有重要价值，大多数受访者通过社会化媒体获取信息，来了解疫情发展趋势、政府的应急策略、科学防疫知识和精准信息。③Pang等的研究指出政府社会化媒体平台在公共卫生危机中向公众提供疫情最新消息、控制谣言传播、增强社区凝聚力等方面的作用。研究中收集了我国澳门特别行政区政府官方社会化媒体网站Facebook页面中的帖子和评论，通过词频和内容分析，分析了在疫情暴发的前驱期、急性期和慢性期，公众参与度变化的情况。研究结果认为政府社会化媒体可提高疫情暴发前驱阶段的警惕性和意识，在疫情传播急性期提供及时、透明的信息，在疫情传播慢性期用于关注公众心理健康和宣传

---

① HAGEN L, SCHARF R, NEELY S, et al. Government social media communications during zika health crisis [C] //Proceedings of The 19th Annual International Conference on Digital Government Research: Governance in The Data Age. 2018.
② VAN DIJCK J, ALINEAD D. Social media and trust in scientific expertise: debating the COVID-19 pandemic in the Netherlands [J]. Social Media + Society, 2020, 6 (4): 1-11.
③ FENG C, UMAIER K, KATO T, et al. Social media: new trends in emergency information [J]. Journal of Disaster Research, 2021, 16 (1): 48-55.

康复政策。①Zhu 等指出政府机构与各种社会组织合作可以确保在社会化媒体上有更大的发言权，研究中对新冠疫情期间中国政府机构在社会化媒体上采取的四阶段策略（即时反应、诊断、改革干预和评估）的经验教训进行了分析，构建了结构方程模型统计检验了四阶段策略在公众信任修复中的作用，研究结果指出可以将社会化媒体的四阶段策略作为一个整体系统进行规范化，以减少虚假信息的传播，改善公众对政府的态度。②

1.3.3 政务新媒体的建设运营与服务质量提升研究

近年来，政务新媒体已被全世界接受为电子政务服务的一种实践。与静态政府网站不同，新媒体是一个互动交流平台，帮助政府组织通过互动改善与公民的关系。

1.国内相关研究

国内学者关于政务新媒体服务对用户的影响研究主要围绕政务新媒体的参与机制研究、政务新媒体使用行为研究、政务新媒体的影响力研究等议题。

（1）政务新媒体的参与机制研究

在政务新媒体的参与机制研究方面，彭勃等采用扎根理论对公众参与政务微博的影响意愿因素进行了研究，研究发现公众因素和外部环境因素是公众参与意愿的影响因素中最核心的两个因素，政府因素和媒介因素通过作用于公众因素间接影响公众参与的意愿③。王真分

---

① PANG P C I, CAI Q, JIANG W, et al. Engagement of government social media on Facebook during the COVID-19 pandemic in Macao [J]. International Journal of Environmental Research and Public Health, 2021, 18（7）: 3508.

② ZHU Y, JIANG Y. The four-stages strategies on social media to cope with "infodemic" and repair public trust: COVID-19 disinformation and effectiveness of government intervention in China [C] //2020 IEEE International Conference on Intelligence and Security Informatics（ISI）. [S.l.]: IEEE, 2020: 1–5.

③ 彭勃，韩啸，龚泽鹏. 建构公众参与政务微博意愿的影响因素模型 [J]. 上海行政学院学报，2017，18（5）: 28–37.

析了新媒体时代受众的参与机制，指出政务微信的受众参与在不同阶段有着不同的特点，呈现为人际、群体和大众传播相混合的特征，探讨了政务微信受众参与的提升途径。①国琪红的研究中利用政治沟通模型和电子参与模型，将公众参与政务微信的行为分为浏览、点赞、评论、在看等，构建了内容表现维度、外在表现维度、账号动态维度、经济社会维度来分析浙江省地级市党政发布微信的发展现状，通过实证研究分析了对政务微信中的公众参与的影响因素。②张一凡等对"扬州发布"政务抖音号的影响力开展了实证分析，在用户参与度与内容特性（新闻类别、价值要素、视听语言）之间建立线性回归模型，并归纳政务新媒体影响力的主要因素，探究存在的问题。③冯小东等构建了兴趣主题驱动的公众对具体政务微博信息的参与行为模型，基于新浪微博平台不同级别地方政府官方政务微博账户的公众参与行为数据，研究指出公众个人特质对于微博参与动机的形成起了决定性的作用，它决定了参与层次、参与频率和参与水平。④

（2）政务新媒体使用行为研究

在政务新媒体使用行为研究方面，朱红灿等的研究中以使用与满足理论为基础，探讨感知整合、感知过载对公众的政务新媒体持续使用意愿的影响，研究中将公众使用政务新媒体时满足因素分为内容满足、社会满足和过程满足三个维度，体现了公众的信息期望、社会期望和享乐期望的实现⑤。黄艳等基于SOR理论模型，结合信息系统成功理论和使用与满足理论，构建了共青团中央政务短视频用户信息分

---

① 王真. 新媒体环境下政务微信受众参与机制研究［J］. 新闻研究导刊，2021，12（9）：74-75.
② 国琪红. 政务微信的公众参与度影响因素研究：以浙江省为例［D］. 杭州：浙江大学，2021.
③ 张一凡，陈静，王晓刚. 扬州政务新媒体影响力实证研究：以"扬州发布"抖音号为例［J］. 扬州职业大学学报，2021，25（4）：6-10.
④ 冯小东，张会平. 兴趣驱动的政务微博公众评论行为影响模型及实证研究［J］. 电子政务，2018（11）：23-33.
⑤ 朱红灿，李建，胡新，等. 感知整合和感知过载对公众政务新媒体持续使用意愿的影响研究［J］. 现代情报，2019，39（11）：137-145.

享行为的实证研究模型，研究结果表明信息系统性能通过用户满足感正向影响用户信息分享行为。[①]李昱璇采用回归分析与机器学习整合模型研究了政务微博用户情绪倾向的影响因素，运用两阶段主客观数据互补的研究方法探讨了政务微博信息生态下的不同影响因素对用户情绪倾向影响作用大小的差异。研究结果表明，信息、人、环境三个生态因子下的七个因素均对政务微博用户情绪倾向有影响。[②]谷乐等对政务微博公共服务满意度开展了评价，以信息系统成功模型、信任理论为基础，从信息质量、平台质量、感知有用性和感知享乐性四个方面分析政务微博服务满意度现状。[③]胡衬春在研究中将电子政府的满意度分为三个层面：电子政府信息发布的满意度、电子政府在线服务的满意度、电子政府与公众互动的满意度，分析了公众对地方电子政务的使用现状和公众对地方电子政府的满意度和政治信任度。[④]张晓娟等从政务微信服务过程、服务载体、服务内容和服务结果四个方面出发，基于用户满意度，从便捷性、移情性、响应性、可靠性和保证性五个维度对政务微信服务质量进行了评价。[⑤]

政务新媒体正在逐步成为政府信息发布和提供公共服务的重要载体，闻宇等研究指出政务短视频与政务微信、政务微博存在差异化定位，因此可以把内容的趣味性与权威性结合起来，研究中以整合型技术接受与使用模型为基础，对影响用户使用政务短视频的行为因素进行探究，提出了提升政务短视频传播效果和影响力的建议与方法[⑥]。

---

① 黄艳，刘默扬，李卫东. 政务短视频用户信息分享行为研究：以抖音和快手平台的"青年学党史"作品合集为例 [J]. 北京航空航天大学学报（社会科学版），2022，35（1）：92-101.
② 李昱璇. 网络舆情治理视角下政务微博用户情绪倾向影响因素研究 [D]. 成都：电子科技大学，2021.
③ 谷乐，霍明奎. 政务微博平台公共服务满意度调查与提升策略 [J]. 中国管理信息化，2021，24（19）：168-171.
④ 胡衬春. 地方政府网站、政务微信、政务微博的使用与公众政府信任的关系研究 [J]. 电子政务，2017（12）：90-101.
⑤ 张晓娟，刘亚茹，邓福成. 基于用户满意度的政务微信服务质量评价模型及其实证研究 [J]. 图书与情报，2017（2）：41-47；83.
⑥ 闻宇，吴红雨. 政务短视频公众使用行为及其影响因素研究：基于上海的调查 [J]. 新媒体公共传播，2021（2）：131-151.

胡雨驰基于UTAUT模型（整合型科技接受模型）和公民自愿模型提出了政务短视频公众使用的影响因素假设，探讨了政治动机的调节效应。①沈艺的研究从公众视角出发，基于信息系统成功模型和顾客满意度模型，分析与探讨了政务微博公众满意度影响因素，对政务微博的服务方式、信息质量、服务质量和系统质量对服务成熟度以及公众满意度的影响路径进行验证分析。②李永忠等在TTP模型和拓展的ECM-ISC模型基础上，引入使用习惯因素，构建移动政务服务公众持续使用行为模型，采用实证研究的方法探究公众持续使用"e福州"移动政务App的影响因素。③田晓旭等整合了期望确认模型与信息系统成功模型，构建了政务短视频用户持续参与模型来研究政务短视频用户的持续参与行为影响因素。④张毅等采用"技术-组织-环境"（TOE）模型，分析了政府部门采纳政务新媒体过程中的两个阶段——初始采纳阶段和持续采纳阶段的政务新媒体采纳决策影响因素，揭示了不同时期政府部门采纳政务新媒体行为发生变化的原因。⑤

（3）政务新媒体的影响力研究

在政务新媒体的影响力研究方面，张妍基于受众感知理论和受众期望理论，从受众角度研究了政务微博的影响力，研究结果表明受众的满意度、期望和参与频度与政务微博的影响力有一定相关性⑥。吴锦池等指出政务微博影响力评价对政务微博运营有着指导性作用，以

① 胡雨驰. 基于UTAUT模型的政务短视频公众使用意愿研究［J］. 新媒体研究，2022，8（6）：34-39；49.
② 沈艺. 电子政务新媒体的公众满意度研究：以我国政务微博为例［D］. 上海：上海应用技术大学，2021.
③ 李永忠，谢隆腾，陈静. 移动政务服务公众持续使用行为研究［J］. 合肥工业大学学报（社会科学版），2018，32（6）：40-49.
④ 田晓旭，毕新华，杨一毫，等. 政务短视频用户持续参与的影响因素研究［J］. 情报杂志，2022，41（4）：144-151；172.
⑤ 张毅，陈瑞学，宁晓静.政府部门采纳政务新媒体行为变化的影响因素［J］.电子政务，2020（11）：108-120.
⑥ 张妍. 基于受众感知与期望的政务微博影响力评价研究［J］. 吉林省经济管理干部学院学报，2016（1）：163-164.

Twitter中的政府部门用户作为研究对象，构建政府部门用户之间的社会网络关系，采用基于社会网络分析的实证研究方法对政务微博影响力开展了研究。[①]冯小东等研究了公众的社会影响力特征、兴趣主题特征等对公众政务微博传播参与微观行为的影响，研究结果表明政务微博发布机构的社会影响力对其发布的政务微博信息的传播效果具有显著正向影响。[②]

高莹等的研究中采用因子分析法和聚类分析法，以山东省17个城市的公安类政务微博为样本进行研究，对各地市微博的政务微博影响力进行了综合排名，指出政务微博的影响力是判断微博是否有效、微博是否具有价值的重要标准。[③]叶均玲等综合运用德尔菲法、层次分析法和社会网络分析等方法，建立武汉市政务微博传播效果评价模型，多维度评价武汉市政务微博的传播效果。[④]蔡婷运用模糊多属性评价方法，对县域政府政务微博的影响力进行了实证研究。[⑤]郑敏君对"中山发布"的用户情况开展了调查，分析了政务新媒体的功能定位，研究了能提升政务新媒体网络影响力的策略。[⑥]孔婧媛根据微博、微信、抖音三大政务新媒体信息平台发布的信息内容以及对应的用户点赞量、评论量、转发量等影响力指标数据，并结合发布时间、内容类型、推送形式，分析了不同政务新媒体平台信息传播影响力。研究结果表明短视频平台在信息传播活性方面具有优异的表现，各类政务新媒体应该形成多平台渠道互补。[⑦]杜鹃等指出促进旅游政务微

① 吴锦池，余维杰. 基于社会网络分析的政务微博影响力研究 [J]. 情报科学，2021，39（2）：78-85.
② 冯小东，马捷，蒋国银. 社会信任、理性行为与政务微博传播：基于文本挖掘的实证研究 [J]. 情报学报，2019，38（9）：954-965.
③ 高莹，王晓. 基于因子分析和聚类分析的政务微博影响力研究：以山东省17个城市公安政务微博为例 [J]. 情报探索，2020（11）：65-70.
④ 叶均玲，郑佩佩，苏比努尔·玉素甫，等. 武汉市政务微博传播效果评价与优化研究 [J]. 情报探索，2020（12）：31-37.
⑤ 蔡婷. 县域政府政务微博影响力评价研究 [D]. 湘潭：湘潭大学，2014.
⑥ 郑敏君. 新时代政务新媒体网络影响力提升策略研究：以"中山发布"为例 [J]. 西部广播电视，2021，42（6）：82-84.
⑦ 孔婧媛，滕广青，庹锐. 政务新媒体信息传播影响力研究 [J]. 农业图书情报学报，2021，33（7）：24-34.

博建设对旅游业高质量发展有显著作用，研究中应用灰色关联分析法对陕西省文化和旅游厅官方微博指标数据，分析了旅游政务微博对国庆期间旅游总收入的影响力，研究结果表明政务微博应当提高整体运营水平，通过特色创新内容吸引受众人群，继续加强广度力和深度力，在信息流动和内容质量上进行完善，从而吸引更多粉丝关注。[①]

政务微信是新媒体时代电子政务的重要信息服务手段之一，是我国政务新媒体矩阵的重要组成部分，承担着政务信息网上公开、回应群众关切、满足公众多层次多样化信息需求等任务。周润哲等研究了重大突发公共卫生事件下的政务微信的信息传播效果，选取多个省级政务微信在新冠疫情期间发布的文章样本，研究不同因素对疫情相关文章传播效果的影响。[②]姜美洁对政务微信的影响力进行了评价，构建了由九个指标组成的评价体系，对政务微信的影响力进行了评价，研究结果表明传播力、权威性、互动性是政务微信影响力的主要因素。[③]冯春等对重庆区县的顶层政务微信公众号进行了研究，指出疫情中区县政务微信公众号影响力低的原因包括：信息披露不充分不及时；文章内容形式创意不足；政民互动机制不健全。研究成果为进一步提升重大疫情下重庆区县政务微信影响力提供了理论指导。[④]张放等采用以控制实验法为主的实证分析方法探索了话题属性、表达风格与标题设置三种与政务微信"软文"化倾向高度相关的内容策略要素对政务微信形象构建、信息传达、互动关系等三个层面传播效果的影响。[⑤]朱益平等从信息生产力、信息内容、信息表现、用户、信息影

① 杜鹃，张新星，张伟峰，等. 我国旅游政务微博社会网络结构特征及影响力分析：以陕西省为例 [J]. 经营与管理，2022（3）：146-152.
② 周润哲，徐江波，贾博霖. 重大突发公共卫生事件中的政务微信研究：议题、形式与效果 [J]. 新媒体研究，2021，7（16）：48-55.
③ 姜美洁. 基于因子分析下的政务微信影响因子研究 [J]. 新闻研究导刊，2015（13）：268-269.
④ 冯春，李佳欣. 重大疫情下提升重庆区县政务微信影响力策略 [J]. 新闻传播，2020（23）：51-52.
⑤ 张放，杨颖，吴林蔚. 政务微信"软文"化传播效果的实验研究 [J]. 新闻界，2020（1）：59-73.

响力五个维度出发对政务微信公众号信息质量进行评价研究，利用粗糙集理论和BP神经网络方法，对江西省5个典型政务微信公众号进行了实证研究。[①]

微信矩阵是将多个微信公众号通过集群展示，有统一宣传目标和传播策略，相互协作、相互促进，从而起到联合发力、实现传播效果提升和流量归集的微信公众号集合。政务微信矩阵是政务信息整合的有效工具，开创了政务信息服务工作的新局面，构建了立体化的政务服务体系。为充分发挥政务新媒体在推进政务公开、凝聚社会共识、提供利民服务、创新社会治理等领域的重要作用，创新实现政务新媒体内容互通、用户共享、一体发布，一些政府机构采用政务微信矩阵有效聚合了多个政务微信公众号资源，有助于建立多个政务新媒体整体协同、响应迅速的矩阵体系，提升政务新媒体传播力、引导力、影响力、公信力。殷美祥等运用层次分析法构建了微信矩阵传播能力评价指标体系，对广东气象微信矩阵进行了实证研究，研究指出强化部门联动、整合优质社会渠道资源、促进传播流量汇集是提升微信矩阵传播能力综合指数的关键。[②]

2.国外相关研究

国外关于政务新媒体服务对用户的影响研究主要围绕公众对政务社会化媒体采纳和使用行为研究、政务社会化媒体公众电子参与行为研究、社会化媒体对公众政治态度和政治竞选的影响研究等议题。

（1）公众对政务社会化媒体采纳和使用行为研究

在公众对政务社会化媒体采纳和使用行为研究方面，Medaglia 等从六个方面聚焦政府社会化媒体的研究，分别是语境、用户特征、用

① 朱益平，杜海娇，张佳，等. 基于RS-BP神经网络的政务微信公众号信息质量评价模型研究〔J〕. 情报科学，2021，39（2）：54-61；69.
② 殷美祥，张毅，朱平，等. 广东气象微信矩阵传播能力评价模型〔J〕. 广东气象，2021，43（4）：61-64.

户行为、平台属性、管理和效果，分析这六个焦点之间的关系①。
Park 等采用结构方程模型分析了政府官员发布的 Twitter 信息对政府信任方面的作用。②Wang 等在研究中将公众对政务小程序的使用分为信息使用、服务使用和参与性使用三种方式，通过对广州、武汉和成都的市民使用政务小程序的情况开展调研，探讨了三种使用方式对政府信任、政府透明度和政府声誉的影响。③Khan 等对政府社会化媒体服务中公民信任的前因开展研究，提出可以将个人特征、政府因素、风险因素和社会化媒体特征确定为公民对政府社会化媒体服务信任的前因。④Widayanti 等阐述了社会化媒体互动性的测量方法，分析了增强政府在 Facebook 和 Twitter 上互动性的影响因素，研究结果指出 Facebook 和 Twitter 上的帖子或 Twitter 主题内容是互动性的重要影响因素。⑤

　　政务社会化媒体在公众中的采纳、使用以及持续性使用仍然是一个巨大的挑战。在持续性使用影响因素的研究方面，Li 等在研究中对使用政务微博服务的关注者的在线调查数据，分析了公民对政务微博服务互动性的感知，分析结果表明对政务微博控制性、娱乐性和连通性的感知正向影响公民的满意度和信任度，进而正向影响政务微博的持续关注意愿⑥。Hidayat 等对巴林王国公共部门社会化

　　① MEDAGLIA R，ZHENG L. Mapping government social media research and moving it forward：a framework and a research agenda ［J］. Government Information Quarterly，2017，34（3）：496-510.
　　② PARK M J，KANG D，RHO J J，et al. Policy role of social media in developing public trust：Twitter communication with government leaders ［J］. Public Management Review，2016，18（9）：1265-1288.
　　③ WANG G，CHEN Q，XU Z Y，et al. Can the use of government Apps shape citizen compliance？The mediating role of different perceptions of government ［J］. Computers in Human Behavior，2020，108：106335.
　　④ KHAN S，RAHIM N Z A，MAAROP N. A review on antecedents of citizen's trust in government social media services ［J］. 3c Tecnología，2019，7（1）：109-120.
　　⑤ WIDAYANTI C S P IRWANSYAH. Features to improve the interactivity of government's post on social media ［C］//2019 International Conference on Advanced Computer Science and Information Systems（ICACSIS）. ［S.l.］：IEEE，2019：363-368.
　　⑥ LI Y X，WANG H C，ZENG X W，et al. Effects of interactivity on continuance intention of government microblogging services：an implication on mobile social media ［J］. International Journal of Mobile Communications，2020，18（4）：420-442.

媒体的实施情况进行了研究，对活跃网络用户采用清单调查和问卷调查的方法开展实证研究，研究结果表明受访者对来自政府的各种类型的信息（包括紧急情报、公民权利、医疗保健、保护环境、科学技术和求职建议等主题信息）感兴趣。①Jia 等研究了政府社会化媒体的使用与社会公众对政府绩效的观点之间的联系，研究结果显示受过高等教育、经济地位高、拥有当地户口的人更可能使用政府社会化媒体工具。②Yang 等从用户满意度的角度研究政府社会化媒体的应用，以政务微博的呈现方式、内容和效用为例，运用结构方程模型对影响用户满意度的因素进行分析，研究结果表明呈现方式、内容和效用对中国政府社会化媒体平台的用户满意度有正向影响。③Hung 等的研究对个体参与电子政务服务的因素与期望、满意度之间的关系开展了研究，使用扩展期望确认理论（ECT）来研究政府社会化媒体平台 Facebook 群组中的沟通和社会互动，研究结果指出沟通质量、响应性因素对电子政务社交网络服务的持续使用意向具有影响作用。④

公众对社会化媒体平台的使用率呈指数级增长，这为政府通过社会化媒体来收集公众的意见和建议提供了信息来源，在制定和评估政府出台的政策方面发挥了重要的作用。许多国家政府在制定和执行政策时，来自公众的建议越来越多地被考虑，以保障公众的福利。Singh 等探讨了印度政府对商品和服务税实施情况的测试，指

---

① HIDAYAT S E, RAFIKI A, AL KHALIFA M H. The social media adoption of public sector in the Kingdom of Bahrain [J]. Journal of Advances in Management Research, 2019, 16 (1): 23-37.

② JIA Z M, LIU M, SHAO G S. Linking government social media usage to public perceptions of government performance: an empirical study from China [J]. Chinese Journal of Communication, 2019, 12 (1): 84-101.

③ YANG F, ZHAO S, LI W, et al. Understanding user satisfaction with Chinese government social media platformsh [J]. Information Research, 2020, 25 (3): 865.

④ HUNG S Y, CHEN K C, SU Y K. The effect of communication and social motives on E-government services through social media groups [J]. Behaviour & Information Technology, 2020, 39 (7): 741-757.

出公众通过社会化媒体参与并有效监控政府政策，实现有效的政策制定和实施。[①]Parusheva等指出在智慧城市背景下，社会化媒体可以被用作加强公民和市政当局之间对话的工具，研究中考察了智慧城市与社会媒体力量之间的关系，对城市政府社会化媒体运营情况进行了分析，提出了改善瓦尔纳市公民与市政当局之间沟通对话的建议。[②]

（2）政务社会化媒体公众电子参与行为研究

政务社会化媒体平台是公众电子参与的重要改革工具。Smalec指出在地方政府与当地社区的沟通中，公民不再仅仅是互联网上共享信息的被动接受者，而是积极的参与者，地方政府对社会化媒体的有效利用有助于塑造政府机构的形象、提高参与活动或社会协商的互动沟通质量，Smalec在研究中评估了互联网在地方政府与公民沟通中的应用情况，对政府机构社会化媒体的信息可用性、交互性和透明度进行了评测。[③]Santoso等在研究中采用了利益相关者参与指数（SEI）来研究公众在政府社会化媒体上的行为，研究结果表明由于当地政府拥有的社会化媒体吸引力较低，公众对政府社会化媒体的参与度不高。[④]Hariguna等整合了社会媒体活动变量和信息系统成功模型来实证研究电子政务服务的公众参与意愿。[⑤]Lin等的研究中采用了访谈、内容分析来研究公众社会化媒体参与的特点，指出社会化媒体有助于

① SINGH P, DWIVEDI Y K, KAHLON K S, et al. Smart monitoring and controlling of government policies using social media and cloud computing [J]. Information systems frontiers, 2020, 22（2）: 315-337.
② PARUSHEVA S, HADZHIKOLEV A. Social media as a people sensing for the city government in smart cities context [J]. TEM Journal, 2020, 9（1）: 55-66.
③ SMALEC A. Internet as a tool for local government communication with the local community？ Selected aspects [C] //Proceedings of the International Scientific Conference Hradec Economic Days , 2019 : part Ⅱ.
④ SANTOSO A D, BAFADHAL O M. Social media and local government in indonesia: adoption, use and stakeholder engagement [J]. Romanian Journal of Communication and Public Relations, 2020, 22（3）: 21-35.
⑤ HARIGUNA T, RAHARDJA U, AINI Q, et al. Effect of social media activities to determinants public participate intention of E-government [J]. Procedia Computer Science, 2019, 161: 233-241.

增强公众权力，吸引公众参与社会化媒体可促进社会包容，面向公众发布的政务信息应具备透明度、可访问性、互动性等方面的特性。①Wukich等指出社会化媒体是公职人员与他们服务对象之间共享信息的重要平台，研究基于公共管理的基本理念，将公民视为客户、合作伙伴或公共角色，对来自美国3个州62个城市的Facebook数据的开展内容分析，考察美国的城市公民在社会化媒体上的参与行为。②Alarabiat等在研究中基于计划行为理论建立了模型以验证公民参与政务社会化媒体平台的影响因素。③Nadzir等基于政府机构的社会化媒体使用情况，开发了一个电子政务参与模型，模型设置了政府机构通过其Facebook页面传播的5类信息和喜欢、分享、评论3个Facebook参与度评估指标，用于评估政府机构Facebook页面上政府与公民的参与度。④Chen等分析了新冠病毒流行期间国家卫生健康委TikTok账户公民参与的相关因素和影响机制，研究指出公民参与社会化媒体平台互动持续增长，促使公共卫生部门不断加快和改进公共卫生信息传播，研究结果表明政务视频长度、标题、对话循环和内容类型显著影响公民参与水平。⑤

　　社会化媒体有助于政府机构与公众的健康沟通。Lwin等的研究中使用文本分析方法对政府帖子、公共帖子以及对这些原始帖子的回复进行分析，探讨了寨卡病毒大流行期间新加坡政府利用Facebook

　　① LIN Y L, KANT S. Using social media for citizen participation: contexts, empowerment, and inclusion [J]. Sustainability, 2021, 13 (12): 6635.
　　② WUKICH C. Government social media engagement strategies and public roles [J]. Public Performance & Management Review, 2021, 44 (1): 187-215.
　　③ ALARABIAT A, SOARES D, ESTEVEZ E. Determinants of citizens' intention to engage in government-led electronic participation initiatives through Facebook [J]. Government Information Quarterly, 2021, 38 (1): 101537.
　　④ NADZIR M M. Proposed E-government 2.0 engagement model based on social media use in government agencies [C] //2019 IEEE Conference on E-learning, E-management & E-services (IC3E). [S.l.]: IEEE, 2019: 16-19.
　　⑤ CHEN Q, MIN C, ZHANG W, et al. Factors driving citizen engagement with government TikTok accounts during the COVID-19 pandemic: model development and analysis [J]. Journal of Medical Internet Research, 2021, 23 (2): e21463.

和Twitter社会化媒体平台与公众之间的在线沟通行为。[1]新冠疫情这一对公共生活构成严重威胁的公共卫生事件发生时，公共卫生部门可以利用政务新媒体平台发布防疫信息，增加政府和公众之间的有效互动沟通，这将有助于遏制病毒的传播。在重大疫情发生时，政府利用新媒体应该尽快发声，发布官方权威信息，高效地向公众传达疫情信息，有助于减少疫情给公众带来的焦虑和恐惧心理。Chen等的研究中采集了国家卫生健康委新浪微博官方账户"健康中国"的数据，考察了公民参与的相关影响因素，主要包括媒体丰富度、对话循环、内容类型和情感价值等方面的影响因素，研究结果表明对话循环促进了公民参与度。[2]Dawi等对马来西亚居民进行了网络调查，结果表明八成以上受访者选择社会化媒体作为获取新冠病毒相关信息的来源，政务社会化媒体的应用与人们参与自我防护行为的态度显著相关。[3]疾病预防控制中心使用社会化媒体来普及日常健康信息，迈出了改善政府和公众之间沟通的第一步。Zeng等分析了中国省、地级行政区134个疾病预防控制中心在新冠疫情期间政府微博使用的总体表现，从采纳、运作和互动三个方面来揭示了疾病预防控制中心如何利用政府微博账户来改善政府与公众之间的健康沟通。[4]

（3）社会化媒体对公众政治态度和政治竞选的影响研究

社会化媒体作为一种新的政治传播工具越来越多地用于政治竞选活动，用于影响公众的社会政治活动，例如在线政治参与、政治营

① LWIN M O, LU J H, SHELDENKAR A, et al. Temporal and textual analysis of social media on collective discourses during the Zika virus pandemic [J]. BMC Public Health, 2020, 20 (1): 1-9.
② CHEN Q, MIN C, ZHANG W, et al. Unpacking the black box: how to promote citizen engagement through government social media during the COVID-19 crisis [J]. Computers in Human Behavior, 2020, 110: 106380.
③ DAWI N M, NAMAZI H, HWANG H J, et al. Attitude toward protective behavior engagement during COVID-19 pandemic in Malaysia: the role of E-government and social media [J]. Frontiers In Public Health, 2021, 9: 609716.
④ ZENG R, LI M. Social media use for health communication by the CDC in Mainland of China: national survey study 2009-2020 [J]. Journal of Medical Internet Research, 2020, 22 (12): e19470.

销、选民动员和公共辩论等活动。社会化媒体用于在线政治参与方面，Mitchelstein 等指出社会化媒体平台有促进民主进程、社会参与和信息传播的正面作用，但也可能存在极端主义信息传播的负面作用[①]。Kim 对韩国人的社会化媒体使用与政治活动参与之间的关系开展研究，研究结果表明社会化媒体的使用与在线政治意愿的表达、参与在线和离线投票活动显著相关。[②]Arshad 等指出公众越来越认识到政府使用社会化媒体带来的社会贡献，研究中通过设置感知透明度、对政府机构的信任和感知响应性这几个变量作为中介因素实证研究了巴基斯坦政府机构在社会化媒体上提供的信息质量与公民在线政治参与的关系，提出了利用社会化媒体加强与公民沟通的战略和实践建议。[③]Silva 等对葡萄牙市政在社会化媒体上的活动进行了个案分析，指出地方政府可以借助于社会化媒体促进公民开展线上政治参与。研究中探讨了地方政府社会化网站治理制度、政治和社会影响因素，结果表明政治上积极主动的地方政府、较大和较富裕的城市更易形成活动水平较高的社会化媒体活动，在一些具有竞争性地方选举和更高透明度的城市中出现了更高水平的社会化媒体活动。[④]Arshad 等在研究中评估公民对政府在社会化媒体上提供高质量信息的看法，通过信息透明度、信任、机构响应能力等指标分析了公民在线政治参与相关的因素。[⑤]Zhang 等探讨了社会化媒体平台对人们政治态度的影响，研

① MITCHELSTEIN E, MATASSI M, BOCZKOWSKI P J. Minimal effects, maximum panic: social media and democracy in Latin America [J]. Social Media + Society, 2020, 6 (4): 211-229.
② KIM S B. Political engagement of social media users in Korea [J]. Korea Observer, 2019, 50 (4): 587-618.
③ ARSHAD S, KHURRAM S. Can government's presence on social media stimulate citizens' online political participation? Investigating the influence of transparency, trust, and responsiveness [J]. Government Information Quarterly, 2020, 37 (3): 101486.
④ SILVA P, TAVARES A F, SILVA T, et al. The good, the bad and the ugly: three faces of social media usage by local governments [J]. Government Information Quarterly, 2019, 36 (3): 469-479.
⑤ ARSHAD S, KHURRAM S. Survey dataset on citizens' perspective regarding government's use of social media for provision of quality information and citizens online political participation in Pakistan [J]. Data in Brief, 2020, 32: 106311.

究了社会化媒体用户中竞争信息源新闻如何影响民众对中央和地方政府的满意度，研究发现民众阅读政府来源的新闻与对政府的满意度有正相关关系。①

政治竞选活动中，社会化媒体比传统媒体更具优势。Olano 等在研究中考察了巴伦西亚自治政府选举中使用的三种社会化媒体（Facebook、Twitter 和 Instagram）的使用情况和效果，指出政府机构可以使用社会化媒体影响公众的政治竞选活动。②Tarai 在研究中通过数字民族志来调查了斐济政党和候选人在 2018 年全国选举中使用社会化媒体的情况，研究表明执政政府在社会化媒体领域具有显著的主导地位优势，在政治竞选中动用社会化媒体可以扩大竞选活动对选民的影响力。③Rahim 的研究结果显示新媒体使用和投票决定之间具有正相关关系。④Starke 等的研究对社会公众与政治家在社交网站上的互动是否对政治家的四种个性特质（领导力、仁慈、反应能力和亲和力）产生影响，研究结果表明社会公众与政治家在社交网站上的互动增加了候选人的亲和力和对政府的信任，但对其他特质的评价——领导力、仁慈和反应能力并没有影响。⑤

1.3.4 相关研究述评

综上所述，通过对相关文献梳理可以看出，政务新媒体的兴起与广泛采用，引起众多学者的关注，目前国内外均有一定数量的文献针

① ZHANG Y Y, GUO L. 'A battlefield for public opinion struggle': how does news consumption from different sources on social media influence government satisfaction in China? [J]. Information Communication & Society, 2021, 24（4）: 594-610.
② OLANO C L, CASTILLO S S, PÉREZ B M. The use made of video in the social media by candidates in the 2019 Valencian autonomous government elections [J]. Debats Revista De Cultura Poder I Societat, 2020, 5: 111-124.
③ TARAI J. Social media and Fiji's 2018 national election [J]. Pacific Journalism Review, 2019, 25（1-2）: 52-64.
④ Rahim S A. What can we learn about social media influence in the Malaysian 14th general election? [J]. Journal of Asian Pacific Communication, 2019, 29（2）: 264-280.
⑤ STARKE C, MARCINKOWSKI F, WINTTERLIN F. Social networking sites, personalization, and trust in government: empirical evidence for a mediation model [EB/OL]. [2023-12-15]. https://doi.org/10.1177/2056305120913885.

对政务新媒体服务能力和质量提升开展研究与探讨。国外学者对政务新媒体的研究主要侧重于公共管理学、传播学、公共政策学、信息资源管理学、心理学等角度，研究政府机构如何有效利用Facebook、Twitter等社会化媒体运营政务社会化媒体平台、开展社会治理服务、对用户产生的影响等议题。国内学术界对政务新媒体主要是从信息管理、传播学、新闻学、社会心理学、图书情报学等学科角度进行研究，研究范畴涉及政务新媒体的建设运营策略、政务新媒体服务的影响力、政务新媒体服务与社会治理、政务新媒体服务与公众参与、使用行为等方面。政务新媒体的应用、发展与用户的心理密切相关，已有研究成果采用技术接受模型、整合型科技接受模型、SOR理论模型、使用与满足理论模型为基础，构建假设模型，探讨了用户感知因素与政务新媒体服务的使用意愿之间的关系。然而，对政务新媒体服务能力和质量提升的研究尚处于起步阶段，理论研究探讨较多，系统性、实证性研究不够丰富，需要继续进行深入的研究。因此，从用户角度出发，探讨政务新媒体服务能力和质量提升的影响要素，分析政务新媒体服务的内容和方式存在的问题，提出具有针对性的解决方案，加快政务新媒体服务创新和水平提升具有重要意义。

1.4　研究内容

本书对政务新媒体服务能力和质量提升开展研究，理解和把握新媒体环境下政务服务的平台特性，从目标定位、指导思想、能力、质量这些方面出发，构建政务新媒体服务能力和质量提升的理论框架，寻求理论与实践创新。在理论框架的基础上，根据本书的研究问题，理论结合实际，对政务新媒体平台和工具、政务新媒体开展信息公开和信息服务的典型案例、政务新媒体用户的需求特性进行分析，探讨当前我国政务新媒体平台运营存在的问题。设计和建立政务新媒体服务对用户的影响因素模型，设计本书的数据采集方法与手段，进行调查方案的论证、数据收集、研究变量的测量等方面的实证分析方案设计，采用定性与定量相结合的实证研究方法对调研结果进行分析，利用结构方程模型，引入数据分析的实证研究方法来探讨用户对政务新媒体持续关注的影响因素。根据实证结果，在把握互联网时代特性和社会公众需求的基础上，结合我国政务新媒体服务现存的问题，提出政务新媒体服务改进与优化的有针对性的研究建议。概括来讲，本书主要包括以下几方面的内容。

第一部分，绪论。介绍本书的研究背景、研究意义、国内外相关研究、研究内容、研究设计与研究方法，确定本书的主要研究框架和技术路线。

第二部分，相关概念和理论基础。对本书的相关概念——新媒体、政务新媒体、服务型政府的概念进行说明；对政务新媒体的现状进行阐述；介绍本书的理论基础：新公共治理理论、信息系统持续使用理论、信息系统成功理论、SERVQUAL 服务质量理论、社会认知理论等。

第三部分，新媒体环境用户行为与特性研究。对新媒体环境下政务服务面向的用户特性进行分析，建立政务新媒体服务对用户的影响模型，分析与说明政务新媒体用户持续关注的影响因素，提出研究假设，建立本书的理论研究框架。

第四部分，政务新媒体服务对用户的影响实证研究。说明本书的实证设计方案，完成问卷量表设计，开展研究实验，对问卷量表的信度和效度进行检验，计算模型适配度指标，验证模型的合理性，对模型进行修正、参数估计和检验，对模型中的研究假设进行验证和分析，分析和讨论模型路径分析的结果。

　　第五部分，政务新媒体服务能力和质量提升的方案与建议。从政务新媒体平台所涉及的战略规划、政务信息公开、内容建设、传播矩阵架构建设、公众需求、线上线下整合、人文关怀、大数据和人工智能技术的运用、专业人才队伍建设、传播效果等方面提出提升政务新媒体服务能力和质量的方案与建议。

　　第六部分，总结与展望。对本书的工作进行总结，阐述本书的局限性和未来研究的方向。

1.5　研究设计与研究方法

　　本书首先通过文献阅读的定性研究方法，开展理论研究。多渠道收集、整理和运用当前新媒体环境下政务工作的国内外相关研究理论与成果，以对政务新媒体应用、管理和优化的相关文献和应用实践进行整理和归纳为基本前提，在新公共治理理论、信息系统持续使用理论、信息系统成功理论、服务质量理论、社会认知理论等相关理论的基础上，提出理论研究框架，构建新媒体环境下政务服务对用户的影响因素模型，使用定量研究方法在统计软件和结构方程模型软件中对影响因素模型进行数据分析和模型假设检验的实证研究。根据本书的研究问题、研究假设和理论框架，参考相关研究，设计测量问卷，通过访谈、实验调查的方式发放与回收问卷，形成本书的数据来源。通过信度分析、效度分析、结构方程分析等方法，考察实测数据对理论模型的拟合程度，论证研究假设，分析因果模型的影响效应，得出分析结论，这些结论对提升政务新媒体服务能力和质量具有一定的参考价值。

2

相关概念和理论基础

2.1 相关概念

2.1.1 新媒体与政务新媒体

1.新媒体

随着社会媒介技术的发展，多种媒体形态产生。传统平面媒体阶段，信息主要通过报刊等纸质媒体传播，信息传播的速度慢，覆盖范围有限。基于无线通信技术的广播电视媒体阶段，虽然信息传播的速度和覆盖范围得到了极大的提升，但是不支持信息交互和共享。网络通信技术和互联网技术的发展，推动了媒体形态的变化，催生出以互联网为媒介的各种新的媒体形态[①]。1967年，美国哥伦比亚电视广播网技术研究所学者Goldmark发表了一份关于开发电子录像商品的计划书，计划书中出现了"新媒体"一词。新媒体具有鲜明的时代特征性，联合国教科文组织对新媒体的定义是：以数字技术为基础，以网络为载体进行信息传播的媒介。新媒体表现形态有门户网站、社交软件平台，例如微博、微信、短视频等。

新媒体相对于传统媒体而言，传播媒介由传统媒介变成了基于互联网的新媒介，互联网具有互动、双向、实时的特性，信息传播不再受时间和空间的限制，且媒体传递的信息资源量大幅度增加。当前移动互联网技术不断进步和发展，新媒体的发展进入一个全新的阶段。新媒体在信息传播和服务上不受时间限制和空间约束，给信息交流互动提供了渠道。[②]在信息传输过程中，个体既可以是信息的传播者，也可以成为信息的接收者，因此新媒体环境下传播者由权威媒介组织

① 郭龙生. 网络空间社会语言治理的榜样与龙头：政务新媒体语言浅议 [J]. 天津外国语大学学报，2022，29（2）：12-18；110.
② 石磊. 新媒体概念 [M]. 北京：中国传媒大学出版社，2009：2-46.

机构变成了所有人。新媒体依托于云计算、大数据、人工智能等新兴技术，其关键特征是交互性、社会临场感、媒介丰富性、即时性、大容量、个性化、自主性和享乐性①。

一些学者提出可以对新媒体概念从多个角度进行理解。曹三省指出新媒体是利用数字技术和相关先进信息技术所实现的开放性、可靠的、具备人性化特征的信息传播途径，有灵活的互动性、开放的应用整合、普适性或泛在性的信息传播环境。②吴旭霞分析了传统媒体和新媒体的优势，指出新媒体的交互性、便捷性使公众有了更多的发声渠道，通过网络终端接收和发送消息，实现信息传播和接收方式多样性。③廖祥忠认为新媒体具有鲜明的时代特征，是新兴数字媒体和传统媒体的数字化融合，具有即时交互、无限兼容等数字媒体特性。④田秀秀认为对新媒体的概念的理解可以从三个角度来进行，首先，新媒体是基于网络互联技术和智能处理技术的平台；其次，新媒体提供了连接人与人（信息、物）的介质或平台，提供各种服务，连接中的人具有自主性、直接性、去中心化；再次，新媒体可以利用传感追踪技术、互动展示技术、智能终端收集处理数据技术等实现人们的数字化生存。⑤何华征认为对新媒体概念的界定必须全方位进行，包括技术、应用、传播、社会、效力、发展层面上的说明，更要有社会影响、效用、发展前景上的阐述。⑥

2.政务新媒体

在新媒体出现之前，电视、广播、报纸等传统媒介是政府部门

---

①　麦奎尔.麦奎尔大众传播理论［M］.崔保国，李琨 译.北京：清华大学出版社，2010：117-118.
②　韩志国.新媒体概念之我见［J］.中国传媒科技，2009（1）：59-60.
③　吴旭霞.各取所长 实现共赢：浅议传统媒体和新兴媒体信息传播的优势互补［J］.新闻世界.2015（9）9-10.
④　廖祥忠.何为新媒体？［J］.现代传播（中国传媒大学学报），2008（5）：121-125.
⑤　田秀秀.新媒体概念理解及影响分析［J］.东南传播，2015（12）：101-102.
⑥　何华征.论"新媒体"概念的基本内涵［J］.武汉科技大学学报（社会科学版），2016（1）：103-107.

开展政务公开的主要方式。这种传播方式以单向传播为主，时效性较差，广度有限，政务信息公开的作用和影响力很难达到应有的效果。随着网络的飞速发展，新媒体的即时性、交互性等优势使它成为信息沟通传播的新工具，也成为政府机构政务信息传播的新载体。近年来党和政府高度重视政务信息公开、政府新闻发布、政务舆情回应和电子政务等工作，政务新媒体是政府机构开展权威信息发布、政务管理、民生服务的平台，是保障和实现公民知情权、表达权、监督权、参与权的重要平台和工具。政务新媒体由两个要素组成，其一是"政务"，其二是"新媒体"。"政务"指的是政府的事务性工作，泛指行政事务。政务新媒体更倾向于突出"政务"属性[①]，即各级行政机关、承担行政职能的事业单位及内设机构是其开设主体。

对政务新媒体概念的理解不应局限于某一种媒介形态，可以从功能和类型两个视角展开。在政务新媒体的功能方面，政务新媒体具备为政府机构、公共服务机构和政府官员开展政务工作，提供公共事务服务，与公众互动交流和网络问政的功能[②]。在政务新媒体的类型方面，按照开发方式来分类，政务新媒体的类型主要有两种：系统开发政务新媒体和账户政务新媒体。系统开发政务新媒体是独立进行应用软件开发或在第三方平台上开发应用的政务新媒体，如政务移动客户端、政务网站手机版、政务微信小程序等。账户政务新媒体是指在第三方平台上开设的政务新媒体账号，如政务微信公众号、政务微博、政务短视频等。[③]

———————

　　① 池舒婕. 福建省政务新媒体运维管理研究：以交通运输系统为例［D］. 福州：福建农林大学，2020.
　　② 金婷. 浅析政务新媒体的发展现状、存在问题及对策建议［J］. 电子政务，2015（8）：21-27.
　　③ 于洪奇，叶兴茂，徐晓婧，等. 自然资源部门户网站与政务新媒体融合的实践与思考［J］. 自然资源信息化，2022（3）：15-20.

3.政务新媒体的特点

互联网时代，运用先进的互联网技术和信息化手段开展工作，通过政务新媒体进行信息发布、权威辟谣成为大趋势，顺应了我国"互联网+政务服务"的发展方向，有利于实现政务公开和实现治理现代化。我国政务新媒体的出现和发展已历经多年，形成了与资讯平台媒体、主流机构媒体、市场化媒体和社交媒体等并存的主要新媒体类型，在舆论场中可以与具有官方特性的主流机构媒体相呼应，占据政治性信息传播的主导地位，形成影响力叠加效应。政务新媒体具有以下这些特点：

（1）政务新媒体是国家网络强国战略的构成部分

网络强国战略是推进国家治理体系和治理能力现代化的重要环节。2016年，国务院印发《关于加快推进"互联网+政务服务"工作的指导意见》，对加快推进"互联网+政务服务"工作作出总体部署。2018年，国务院办公厅印发《关于推进政务新媒体健康有序发展的意见》，指出要认真落实党中央、国务院关于全面推进政务公开和优化政务服务的决策部署，实施网络强国战略，落实网络意识形态责任制，大力推进政府系统政务新媒体健康有序发展，持续提升政府网上履职能力，努力建设利企便民、亮点纷呈、人民满意的"指尖上的网上政府"。2019年，党的十九届四中全会首次提出"建立健全运用互联网、大数据、人工智能等技术手段进行行政管理的制度规则。推进数字政府建设，加强数据有序共享，依法保护个人信息"。这些方针政策的提出标志着政务新媒体发展与建设已经上升为我国国家战略的重要发展方向。

（2）政务新媒体是政务信息公开服务的有效平台

政务信息公开是政府机构在履行行政职责过程中，通过多种方式将政务信息在符合法律法规的前提下及时、准确地向社会公众开放，有助于实现政治民主化、政府机构行政行为透明化，有利于社会公众了解、评价和监督政府活动的公正性、合法性，促进民主决策，以保障民众的知情权，促进社会监督。政务新媒体的主业是政务信息公开，有效开展权威政务信息发布、政策解读等，营造良好舆论环境。例如，为进一步推进政务信息公开，强化解读回应、政民互动服务等工作，创新社会治理手段，为社会公众提供优质便捷的信息服务和办事指引，北京市政府新闻办积极统筹协调推动全市各区各委办局开设账号，2020年9月，北京政务新媒体发布厅微官网正式上线，主要成员单位有130个，发布账号覆盖微博、微信、抖音、快手、今日头条等20余个新媒体平台，推动了政务公开平台集约发展，提升了用户使用体验。

（3）政务新媒体的应用有助于形成宣传合力

新媒体时代有别于传统大众媒体时代一个重要的特点，就是传播渠道的多样化。信息传播渠道的多样性影响信息传播的效果，单一平台的局面逐渐被多平台融合共营所取代。根据各平台自身属性，制作符合各平台传播特色的内容作品，实现多个平台同步更新，信息在全网覆盖，极大增强了政务新媒体的传播力。例如，"共青团中央"连续7年开展"中国制造日"主题网络活动，活动在全网多个平台同步直播，总阅读量超过百亿，展现了新时代在党的领导下，作为"立国之本、强国之基"的制造业取得的伟大成就。2021年，为庆祝中国共产党成立100周年，中央广播电视总台联合国务院国资委共同推出的百集微纪录片《红色财经·信物百年》，同时在"国资小新"政务新媒体平台上发布。该纪录片从"红色信物"入手，把以央企为代表的国有企业发展史作为中国共产党百年征程的缩影，讲述党领导人民在经济建设、科研制造等领域的精彩瞬间和鲜为人知的感人故事。微纪录片推出后，全网传播量超过9亿。"国资小新"还在微博、抖音等平台持续推出热点话题，微博话题"信物百年"三次登上微博热搜，形成宣传合力。

（4）政务新媒体是践行网上群众路线反馈民情的有力工具

群众路线是我们党的生命线和根本工作路线，党的二十大报告指出，党和政府要实现好、维护好、发展好最广大人民根本利益，紧紧抓住人民最关心最直接最现实的利益问题。目前，网民表达意见、建议、诉求的平台已经从热线、广播、报刊等传统媒体向网络新媒体平台转移，因此，政府机构等官方组织创建的政务微博、政务微信、政务网站等政务新媒体成为获取民情民意的主要平台。政务新媒体为民情民意的表达提供了更加快捷、公开、透明的平台。利用政务新媒体践行群众路线是传统群众路线在网络领域的延续与完善。

（5）政务新媒体是开展政务治理服务的网络平台

新一代科技革命给社会带来巨大影响并重塑国家治理体系，数字化技术的应用可以推进政府治理能力现代化创新变革。党的十九大报告指出，要"加强和创新社会治理"，"打造共建共治共享的社会治理格局"。政务新媒体通过多元的信息、交往式互动和个性化服务，可以促进政府与公众的互动，在掌握基层居民实际信息和服务需求、提升基层政务治理能力等方面发挥积极作用。政务新媒体成为政府探索基层治理创新和提供公共服务的新方式。政务新媒体借助互联网的工具和手段，在引领主流舆论的同时，还发挥着社会治理的中介作用。政务新媒体创新政务治理机制，从单向治理向双向互动转变，从政府监督管理转向社会协同治理，从事务管理、属地管理转向数字化管理、扁平化管理，实现政治传播与公共服务的价值[①]。例如，国务院客户端小程序是由国务院办公厅主办的、发布政务信息和提供在线服务的新媒体平台，是我国首个注册用户达千万级的国家级政务小程

---

① 王瑄. 政务新媒体的社会价值与效能应用分析［J］. 新闻潮，2021（5）：8-10.

序，设有便民服务、利企服务、部门服务、地方服务、专题服务等栏目。为贴近社会公众的需求，国务院客户端小程序推出了"跨省就医直接结算""企业政策和信息一站查""失业保险金申领""公积金查询办理"等专项便民服务小程序应用，通过政务新媒体切实帮助人民群众，提供人民群众急需的服务，拓宽了政民互动渠道。

2.1.2　政务新媒体现状

在网络环境下，新媒体在政务信息传播、信息发布、网络舆情等方面凸显出了越来越重要的地位，成为政府机构与广大公众沟通的新平台、信息传播的新窗口。承担着政务公开、信息传送等信息服务功能的政务新媒体，具有多样化的发展特点。政府门户网站、政务微博、政务微信，以及政务短视频这些政务新媒体，使政府机构政务服务工作与社会公众、传统媒体的关系也正在发生着改变。

1.政府门户网站现状

政府门户网站是政府工作人员能够密切联系广大人民群众的一个关键纽带。2005年是我国政府门户网站发展元年，标志着我国各级政府网站建设进入起步和蓬勃发展期，取得了突破性进展。2006年1月1日，中华人民共和国中央人民政府门户网站（简称为"中国政府网"，网址www.gov.cn）正式开通，被誉为"24小时不下班的政府"，填补了我国政府网站层级体系内国家门户的空白，成为我国电子政务建设的重要里程碑，极大地激励了各地各部门发展和改革政府网站，推动了政府网站层级体系的建设进程。国内外媒体普遍认为此举充分体现了中国建设服务型政府"开放、负责任"的信心和决心。中国政府网网站由国务院办公厅牵头并负责内容规划、组织和综合协调，新华社负责运行维护、内容发布更新和技术建设及保障，各地区、各部门共同负责内容保障①。据统计，仅一年时间，中国政府网发布了国务院和国务院办公厅文件 500 多件、国务院公报 250 多期，组织发布热点政务专题 30 多个，整合了 71 个部门约 1 100 项网上服务，发布了 8 个部门的 47 项行政许可项目。网站日均发稿量为 1 000 条左右。

政府门户网站建基于互联网和信息技术之上，形成虚拟政府平台，这一平台突破了政府部门的实体组织界限，消除了政府和公众之间的时空距离，有助于传递党和政府的声音、与公众互动、引导社会舆论、提升网络治理能力，在信息化时代政府机构的与时俱进、获取民声民意、高效公开运作等方面发挥着越来越显著的作用。例如，在我国人大门户网站建设方面，从中国人大网站上提供的全国地方人大的链接上来看，全国的 22 个省、5 个自治区和 4 个直辖市的人大均建立了官方网站。在地方人大网站建设方面，以湖北省为例，"湖北省人大信息网"是湖北省人大的官方网站，是湖北省人大及其常委会的重要媒介，是信息公开、服务代表、联系人民的重要平台，网站发布的信息有人大要闻、时政要闻、人大文件信息、法律法规、人大代表信息、人大立法工作等方面。从"湖北省人大信息网"提供的湖北地方人大的链接来看，湖北省内有 20 个市（地区）建立了官方网站。为了给社会公众提供多渠道政务服务，湖北省人大多次联合湖北省重点新闻网站——荆楚网，开展网络直播人大会议和公推公选立法计划建议项目。例如 2010 年 5 月，湖北省十一届人大常委会第十六次会议分组审议《湖北省就业促进条例（草案二审稿）》，通过荆楚网开展网络直播法规草案分组审议情况，将常委会组成人员审议法规草案的过程呈现给公众，在全国尚属首次。通过新媒体平台，方便了网友在线观看地方国家权力机关对地方性法规的审议过程，让公众了解常委

---

① 新华社.中国政府网开通一周年 诠释建设服务型政府理念［EB/OL］.［2023-12-15］. https://www.gov.cn/jrzg/2007-01/01/content_485322.htm.

会委员如何履职，拉近了人大代表与群众间的距离，有利于扩大公民有序参与立法，提高立法的科学性、民主性。又如2014年10月，湖北省人大常委会办公厅联合荆楚网票选湖北省人大2015年度立法计划建议项目。在为期2周的网上投票活动中，共有50多万人次网友直接参与到投票活动中，选出的前20件立法计划建议项目全部进入立项程序的论证评估环节，活动取得了较好的社会传播效果，有助于推进民主立法、科学立法，让社会大众了解和参与人大立法过程，充分保障公民的知情权、参与权、表达权和监督权。由此可见，政府门户网站的发展，使政府与公民之间的互通渠道更加多样化，公民可以通过政府网站了解政府的政策和工作动态，也可以通过政府网站向政府反映问题和提出建议。

政府门户网站的功能日益多元化发展，不但能够提供政务公开、信息公开和服务公开的基本功能，还具有在线办事、网上支付、在线咨询、在线投诉等功能，政府网站的功能已经从最初的简单信息公开向互联网服务转型，使政府服务更加便捷高效。为进一步加强政府网站管理，引领各级政府网站创新发展，2017年，国务院办公厅发布了《国务院办公厅关于印发政府网站发展指引的通知》，对政务门户网站的总体要求、职责分工、开设与整合、网站功能、集约共享、机制保障等方面作出了指导。

政府门户网站是我国电子政务建设的关键组成部分，是政民互动的权威渠道，也是建设服务型政府的重要手段。政府网站成为政务公开的重要渠道。2022年8月，国家互联网信息办公室发布的《数字中国发展报告（2021年）》指出，我国87%的省级政府和81%的地市级政府通过政府网站发布政府决策草案，公开征求意见，广泛听取社会声音。由此可见，政府门户网站覆盖范围逐步扩大，从最初的国家级和省级政府网站，逐渐扩展到地市级政府网站，为民生保障、社会管理和经济发展提供了有力支撑。截至 2022 年 12 月，我国共有政府网站 13 946 个，主要包括政府门户网站和部门网站。其中，中国政府网 1 个，国务院部门及其内设、垂直管理机构共有政府网站 539 个；省级及以下行政单位共有政府网站 13 406 个，分布在我国 31 个省（区、市）和新疆生产建设兵团。①政府网站的发展，有助于促进政府透明度，政府网站通过政务公开、信息公开和服务公开等方式，增强政府的公信力和可信度。例如，在新冠疫情防控期间，早期曾由于信息披露不够及时等原因，导致社会公众出现焦虑情绪，网络谣言、错误信息传播等乱象相继出现。面对舆情，政府门户网站的新冠疫情专题数据的及时发布保障了公众知情权，充分发挥了公开信息、解读政策、回应关切和服务公众的效用。如山东省政府建立了新冠疫情防控专栏网站，通过设置新冠疫情专题发布数据，网站第一时间权威发布实时疫情通报、疫情防控政策、疫情防控知识、复工复产信息、疫情科普知识、山东省各地疫情防控知识、防控服务信息等公众极为关注的信息。多层次、高密度的信息公开，通过权威舆情向全社会发布各类疫情通报、公告，及时疏导回应、澄清谣言，在正确引导社会舆论、稳定公众情绪的工作中发挥了不可替代的作用。

政府网站的快速发展已经取得了显著的成果，这些成果在促进政府与公民之间的互动、增强政府透明度和廉洁性、提升政府服务水平等方面发挥了积极作用。

2.政务微博现状

微博已成为人们获取信息、表达观点的主要渠道之一，微博可以实现使用者之间的信息传播和信息分享，它是集手机短信、社交网站、博客和即时通信工具这四种产品优点于一身的新媒体平台。微博

①　中国互联网络信息中心. 第 51 次中国互联网络发展状况统计报告［R］. 北京：中国互联网络信息中心，2023.

的优势决定了它具有丰富的新媒体传播价值。政务微博作为微博的重要组成部分和政治传播的重要形式，为政府提供了信息服务、形象塑造、关系建设、公共服务的有效渠道，已成为政府公共管理和公民网络问政的重要媒介。

习近平总书记在十九届中共中央政治局第十二次集体学习时发表的重要讲话中强调，要"打造一批具有强大影响力、竞争力的新型主流媒体"。政务新媒体是移动互联网时代党和政府联系群众、服务群众、凝聚群众的重要渠道①。政务微博在政务新媒体中发展较早，2009 年 11 月，我国最早开通的政务微博号——湖南桃源县官方微博"桃源网"上线。通过微博这一新媒体平台具有的信息发布、信息评论、信息转发、@提醒功能使政府机构可以和社会公众之间进行网络平台上的沟通和联系。在微博平台所具有的及时性、便捷性等媒介特性的支撑下，政务微博凭借其发布主体的信息资源优势，代表政府机构收集意见、倾听民意、回应诉求，是一个快速协同高效的建言献策、社会化参政、议政、问政、民意表达、监督投诉的互动平台，有助于提升政府部门的知名度，保障公众的知情权、参与权、表达权和监督权，拓宽了官民沟通渠道。

利用政务微博可以搭建一个收集意见、倾听民意、发布信息、服务大众的社会化平台，用户在政务微博平台以参政、议政、问政的网络交流模式与平台官方网络互动。政务微博是新媒体环境下的时代产物，成为政府行政过程中的有效话筒。2013 年 10 月，国务院办公厅发布《国务院办公厅关于进一步加强政府信息公开回应社会关切提升政府公信力的意见》②，指出："着力建设基于新媒体的政务信息发

① 国务院办公厅.国务院办公厅关于推进政务新媒体健康有序发展的意见［EB/OL］.［2023-12-15］. http://www.Gov.cn/zhengce/content/2018-12/27/content_5352666.htm.
② 国务院办公厅.国务院办公厅关于进一步加强政府信息公开回应社会关切提升政府公信力的意见［EB\OL］.［2023-12-15］. http://www.gov.cn/xxgk/pub/govpublic/mrlm/201310/t20131018_66498.html.

布和与公众互动交流新渠道。各地区各部门应积极探索利用政务微博、微信等新媒体，及时发布各类权威政务信息，尤其是涉及公众重大关切的公共事件和政策法规方面的信息，并充分利用新媒体的互动功能，以及时、便捷的方式与公众进行互动交流。"2020年，微博认证的政务机构账号数量超过14万个，其粉丝总数突破30亿，所发布微博的总阅读量超过4 500亿次。社会公众所关注的热点事件，例如权威疫情信息、社会热点回应、正能量故事等，是微博用户关注政务微博希望看到的内容。2021年3月12日，微博发布《2020微博用户发展报告》，报告显示在疫情防控等热点事件的信息传播和救助等方面，政务微博发挥了重要价值，其关注度也进一步提升。例如，高校毕业生就业工作事关民生福祉和社会稳定，党中央、国务院始终高度重视，是社会关注的热点话题。教育部新闻办公室官方微博"微言教育"开设了"千方百计促就业""我为毕业生带岗"等话题，发布各地高校毕业生专场招聘会信息、不同求职方向信息（入伍、升学、考公考编、三支一扶、选调生等）、高校就业帮扶援助信息、就业创业服务指南、就业实习指南等信息。同时，为提升教育政务新媒体的影响力，"微言教育"还联合教育政务新媒体"星火计划"成员单位，依托多家教育政务新媒体平台的信息资源，通过"星火联播"共同助力发布促进各地高校毕业生就业相关资讯，利用政务新媒体发布就业资讯、就业创业政策信息宣传，开展就业指导，助力高校毕业生高质量充分就业。

随着在公共管理领域中的运用，政务微博以其权威性和开放性有效促进了政府管理方式创新，增强了政府服务能力，对构建服务型政府起到了积极推动作用。许多政府机构已建立了以"@机构名称"或"@××发布"的政务微博账号，开辟了政务信息公开的新通道，既可以发布权威信息，引导网络舆论方向，还可以通过微博留言功能听取广大民众的意见、建议和呼声。例如，"共青团中央"官方微博在2023年全国两会期间创建了"两会青关注"微博话题，该话题综合阅读量达到4亿多次。"共青团中央"官方微博还联合中国周刊、中国青年、中国少年报等46家媒体，针对政府工作报告、增加城乡居民收入、保护弱势群体、促进青年就业等青年民众最关注的社会问题进行讨论，如青年民众希望了解的两会里关于新一届政府的施政目标、深化改革开放、就业问题、未成年人犯罪问题、中美关系等。

随着数字化时代的到来，政务微博不仅是一种单向的信息传播渠道，更是达成政府与社会公众之间沟通桥梁的重要工具。特别是在应对自然灾害和紧急情况时，政务微博的作用愈发凸显。它能够迅速传递政府的应急措施、救援信息和风险预警。例如2023年7月，由于受台风"杜苏芮"残余环流影响，河北、北京、天津、河南等地引发极端强降雨。根据人民数据研究院发布的《2023年度政务微博影响力报告》显示，从7月30日至8月10日，超过8 800个政务官微发布了暴雨相关内容，充分体现了微博在公共服务中的价值。@中国天气、@中央气象台、@中国消防、@应急管理部等机构微博第一时间发布了降雨预警、降雨引发灾难播报等相关信息，显示了政务微博在有效地指导民众应对各类突发事件、保障公共安全和社会稳定方面的能力。

微博平台的及时性、开放性和互动性等特征，赋予了政务微博和关注者更多的参与性，是新媒体环境下政府与公众沟通的新渠道，也是实现政府转型与服务型政府建设的新手段。

3.政务微信现状

2011年，腾讯公司推出了社交软件——微信，微信首次走进社会公众的生活。2012年腾讯又发布了微信公众平台，越来越多的企业、组织机构纷纷注册开通微信公众号，在社交网络平台上向公众宣传和展示自身。各级政府机构、部门也开始建立与运营面向社会大众的微信公众平台。2012 年 8 月，我国首个政务微信开通，广州市白云区应急办开设了名为"广州应急——白云"的政务微信，是我国政府治理模式创新的重要措施，在建设新的服务型政府中发挥了重要的作用。目前，政务微信平台快速发展，许多政府部门都开通了自己的官方账号，利用微信平台发布信息，拓宽了政务宣传渠道，提供高效的政务服务，加强政民互动，提高办事服务能力。

微信具有强大的即时通信服务功能，利用这一最热门的新媒体的社会功能建立的政务微信平台，发挥着民生服务和政务宣传的作用，可以为政府与社会民众之间搭建新型的对话关系，让政民之间的交流沟通更畅通。政务微信公众号向用户推送的信息具有主动性、精准性、私密性和传达效率高的特点。政务微信从使用功能上看，可以根据工作需要设置不同的类别对政务信息查询、信息咨询服务、意见建议收集等进行处理，提高社会治理的效率。与政务网站上向用户推送信息不同，政务微信信息发布具有用户导向的精确性功能，政务微信平台推送消息时只面向那些已经关注或已经订阅了该政务微信公众号的用户，使政务信息精准传递。相对于传统信息用户浏览信息的随意性和反馈的有限性，政务微信用户的主动关注使他们所接收的信息是自身感兴趣的新闻信息；政务微信用户作为一个集群，实现了关注者的群体传播①，且政务微信用户往往会持续关注政务公众号上所发布的信息。

政务微信、政务微博都是电子政务综合平台的有机组成部分。政务微信与政务微博在互动性、传播方式、信息反馈和传播速率等多方面存在差异和不同。政务微博的开放裂变式传播、话题式传播、跟评

---

① 王真. 新媒体环境下政务微信受众参与机制研究［J］. 新闻研究导刊，2021，12（9）：74-75.

式互动、@式的指向应答、热搜式排行这些特点使政务微博在政务信息公开、互动性、倾听民声方面具有优势，有助于反映社会公众对政府工作的意见、建议，监督政府更好地完善社会公共管理。而政务微信的信息传播主要依靠用户的社交圈，因此政务微信在普及性、可控性、针对性方面更具有优势特征，且基于微信平台的功能，政务微信的集成性、用户操作易用性更具优势。

政务微信可以划分为两种类型，分别是政务微信订阅号和政务微信服务号。

政务微信订阅号主要专注于信息发布功能，可以用于发布政务信息。政务微信订阅号能够提升政务信息的辐射力，以多样化信息传递方式发送消息，如语音、文字、表情、图片、视频等，便于政府与民众的互动沟通，增强信息传递的及时性和互动性。各级政府部门的各种重要信息都可以利用政务微信订阅号准确地传递给微信用户。政府部门利用微信可以发布各种信息，如日常工作动态信息、公告决议发布等。例如，为进一步拓宽人大与公众的互动渠道，方便社会公众更及时深入地了解人大工作，湖北省人大常委会2015年6月起开通并试运行"湖北人大"官方微信，2015年7月开始正式发布。"湖北人大"官方微信主要用于宣传各级人大及其常委会依法履行职权，宣传民主与法治建设所取得的成就，宣传人民代表大会制度，宣传各级人大代表为推进"五个湖北"建设所作出的突出贡献和先进事迹。"湖北人大"官方微信是推动公民有序参政的新媒体平台，主要内容包括省人大、人大系统及其常委会重大新闻、立法工作及动态、代表履职及风采、议案建议、执法检查、视察调研、任免信息、市县动态、主题教育等。

政务微信服务号主要偏重于服务交互功能，是包括信息推送和提供服务的一体化政务服务交互型公众号平台，为关注政务微信的用户提供便利的服务通道。使用政务微信服务号可以增进政务服务智能化，无感支付、电子证照等智能化政务服务使办事更加方便快捷。例如，2014年4月，由武汉市政府新闻办、武汉市互联网信息管理办公室主办的"武汉发布"政务微信开通。"武汉发布"公众号主要用于发布市委、市政府的中心工作和主要决策部署，全市重大主题活动，市委、市政府新闻发布类信息，文化生活服务类信息，天气和自然灾害等突发性公共事件预警应对信息，以及回应督办落实网民诉求。"武汉发布"政务微信平台具有"服务号""订阅号"双重功能。"武汉发布"政务微信上线后，从推送内容来看，大部分文章都采用了图文并茂的形式予以呈现，综合利用文字、图片、视频等多种传播方式。在内容推送过程中，"武汉发布"每天推送武汉市委、市政府重大决策、重要活动的相关信息，为市民提供公益性及服务类民生信息、便民措施以及生活资讯等。楚天舆情数据研究院制作的湖北政务微信排行榜2023年9月榜单显示，"武汉发布"阅读总数（657万）排名第二、头条文章阅读量第二。"武汉发布"设置有3个自定义主菜单，分别是"小布服务""城市美学""英雄城市"。"小布服务"2023年7月上线，涵盖了社会保障、交通出行、教育科研、医疗卫生、住房保障、司法公证、生活便利、企业服务等11大功能板块，98项服务功能。

腾讯公司2023年第3季度财报显示，微信及WeChat合并月活账户数13.36亿，高于微博月活跃用户（6.05亿），微信已成为当前应用最广泛的大众社交工具和最普遍的政务新媒体平台，深刻影响着政府机构通过互联网面向社会公众推进政务信息公开和优化政务服务，成为政府机构社会治理模式变革的重要工具和手段。

4.政务小程序现状

政务小程序是创新政务服务和微信应用结合的新模式，开启了移动互联网时代政务服务应用建设的新局面。2019年6月，由国务院办公厅主办的首个全国性政务服务微信小程序"中国政务服务平台"微信小程序正式上线。作为一个全国性、跨区域、跨部门的网上办事平台，"中国政务服务平台"小程序可以实现部委、地方政务服务切换，在部委政务服务方面，接入了公安部、工业和信息化部、民政部、司法部、水利部、住建部、教育部、人社部等多个部委，用户通过该小程序一键进入部委政务小程序开展应用；在地方政务服务方面，用户能通过该小程序一键进入北京市、天津市、河北、山东、湖北、湖南等省（直辖市）政府的省级小程序。"中国政务服务平台"小程序为个人提供了医保服务、人社服务、公积金账户信息查询服务、教育服务、市场监督服务等多项服务，用户可在线办理查询、缴费、申领证件、投诉等200多项政务服务。企业用户可以办理证照、查询企业信用、查询通关信息、查询住建企业资质等服务。除了旅游、婚育、助残、司法等专项服务，"中国政务服务平台"微信小程序还搭建了全国一体化的投诉建议系统，用户可在小程序中对政府服务工作涉及的各项问题进行投诉和提出建议。

政务小程序是积极推进"互联网+政务"，不断拓宽网上服务渠道，提升行政效率，助推优化公共服务的有效工具。使用政务小程序可及时发布政策信息、政策解释、服务内容和政务宣传信息。政务小程序功能简洁，不需要下载，无须安装，可以很好地满足大多数用户的系统操作需求，具有轻量化的特性，让政府服务无障碍推广。政务微信小程序可以充分发挥微信在政务信息发布、信息交流中的积极作用，实现政府服务在新媒体平台上的整体拓展，使政府信息发布更全面。例如，广东省建设数字政府的重要成果"粤省事"小程序于2018年5月正式上线，是我国首个集成民生服务微信小程序，同时"粤省事"服务公众号平台也同步对外开放，用户通过实名身份认证后可办理多项民生服务事项。2018年全年，"粤省事"小程序推出的公安、民生服务事项已有228项。

随着智慧政务建设步伐的加快，政务小程序开展的政务信息服务在地方政策传播、政民互动、政务服务、微治理等方面显现了优势。截至2022年12月，我国政务小程序达9.5万个，超过85%的用户在日常生活、医疗出行、政务办事中使用政务小程序①。在地方政策传播方面，政务小程序可以快速传播政务新闻、相关政策动态，提供便民服务，实现政务信息的定期推送。例如，"武汉微邻里"政务小程序于2018年3月正式上线后，在武汉市1 475个社区中覆盖了1 343个社区，覆盖率达91%。在政民互动方面，政务小程序广泛接受社会各界对政务服务的问题线索和意见建议，将服务作为主要职能，在政务小程序中提供了留言、建议等互动功能，满足政务小程序用户的需求。例如，"武汉微邻里"具备多种政民互动渠道，包含了"议事""报事""办事""联系社区"四个主要栏目。在政务服务方面，以"武汉微邻里"政务小程序为例，其建立了一体化的社区服务平台，主要提供面向民众的政务服务，以及面向社区工作人员的社区治理功能。武汉当地居民可进入自己居住小区的网格群，与网格员信息互通。"武汉微邻里"政务小程序还具备办事指南、地图导航等信息服务功能，可以利用在线预约服务提高公众办事效率和体验度。另外，"武汉微邻里"还有生活服务、文体服务、法律服务、志愿服务、党建引领等服务应用，向居民提供人才招聘、物业、家庭医生等各类信息。

5.政务App软件现状

随着移动互联网技术的不断成熟、无线高速宽带网络的全面覆盖

---

① 中国互联网络信息中心. 第51次中国互联网络发展状况统计报告［R］. 北京：中国互联网络信息中心，2023.

以及智能手机的日渐普及，移动互联网应用向用户各类需求深入渗透，新媒体的应用逐渐趋向移动化。中国手机网民正在迅猛增长，中国互联网信息中心 2023 年发布的数据显示，我国使用手机上网的网民比例超过 99%，表明从手机获取信息已成为绝对主流。相对于政务微博和政务微信而言，政务 App 软件可以集成多项功能，有助于提升用户的使用体验。政务 App 的使用为政府管理提供了极大便利。作为移动政务发展的最新载体，政务 App 提供的服务更实用，形式更丰富。政务 App 的典型功能有信息发布服务、政务服务、整合其他新媒体平台。信息发布服务功能与官方网站、微博、微信类似，可以发布权威的、最新的政务信息。例如，一些地方人大开发出了政务 App 客户端供人大代表下载使用。在武汉市十三届人大四次会议中，大会推出"武汉人大"App，供人大代表下载使用。该App 提供了人大代表履职功能，代表凭用户名和密码进入代表履职平台，可查阅各类工作报告、会议安排、会议指南、会议公告、会议资料、会议反馈、会议通知等信息；能向人大代表的手机推送人大会议文件、简报信息，为人大代表审议相关报告和查阅相关信息提供便利。另外，"武汉人大"App 还整合了微博、微信、网站这些新媒体，满足了多元化的使用需求，用户可以切换到武汉人大网站、武汉人大立法微博和"武汉发布"政务微信这三个新媒体平台，了解更广泛的信息。

政务 App 是智慧政务与政务服务融合的产物，是服务型政府的实现载体之一。政务 App 的广泛普及与应用在促进经济社会发展、服务民生、便利生活等诸多方面发挥着重要作用。2021 年 9 月，国务院办公厅印发了《全国一体化政务服务平台移动端建设指南》，指出要进一步加强和规范全国一体化政务服务平台移动端建设，推动更多政务服务事项网上办、掌上办，要求服务提供层通过移动互联网应用程序

（App）、小程序等服务渠道，按照统一标准，面向企业和群众提供政务服务事项咨询、办理、查询、评价等服务①。政务App充分发挥了移动互联网泛在、连接、智能等优势，运用了大数据、区块链、人工智能等技术手段，提升了移动政务服务个性化、智慧化水平，创新了移动政务服务提供方式。例如，2022年5月，"粤省事"App正式发布上线。"粤省事"App和"粤省事"小程序侧重点不同，可以并行使用，通过服务渠道和能力优势互补，更好满足用户群体的多样化需求。两者在政务服务方面各有侧重。"粤省事"小程序重点提供轻量级的民生服务应用，"粤省事"App则更加多元包容，支持接入各级各类政务服务平台和政务服务应用，重点在功能和场景拓展上下功夫，提供更全面的移动政务服务。相比"粤省事"小程序，"粤省事"App更具开放性，支持各地各部门现有政务服务一次开发、多终端复用，让移动应用建设和接入更加便捷高效；"粤省事"App应用场景更加丰富，可提供更多主动、智能化的服务体验和内容。

6.政务短视频现状

随着移动智能手机的发展，互联网已进入可视化、碎片化传播时代。短视频在短时间内给用户呈现大量信息，通过画面的剪辑、背景音乐的设置，在碎片化的时间满足用户的休闲需求，给用户带来愉悦感，已经成为广大公众上网浏览信息最主要载体之一。近年来，在视频化媒体潮流席卷的浪潮下，以抖音、快手、秒拍、今日头条、小红书、腾讯微视、哔哩哔哩、火山小视频App为代表的短视频平台快速发展流行。短视频这种新型传播形式是一种基于互联网的、基于社会化媒体的、基于移动终端的新媒体视频形式，融合了文字、语音、图像等素材的多元化的网络视频作品，通常以生活化、情感化的叙事手

---

① 国务院办公厅.国务院办公厅关于印发全国一体化政务服务平台移动端建设指南的通知［EB/OL］．［2023-12-15］．https://www.gov.cn/gongbao/content/2021/content_5654776.htm.

段呈现，在现代传播方式的巨大作用下越来越深刻地影响着社会①。

短视频以其传播速度快、内容丰富直观、娱乐化、传播碎片化等优势逐渐成为网民获取信息的重要渠道之一。短视频平台是以大众文化为核心的民间话语体系，逐渐成为政务新媒体绕不开的传播新阵地。在网络短视频发展的过程中，主流媒体不能缺席，主流舆论不能缺席，短视频平台成为各级政府发展政务新媒体政民互动的新渠道。短视频平台积聚了数以亿计的用户，成为一个新兴的舆论阵地。政务短视频是一种传播正能量的方式，弥补了政务新媒体的先天不足，提升了与网民的互动性，用户也比较容易接受，通过短视频可以更好地传播新观念、新理念、新内容、新技术，从而构建新的舆论引导方式。

伴随短视频的兴起，各级政府机构纷纷开通短视频账号，传播政务信息，加强与社会公众的联系。例如，具有弹幕功能的 B 站（哔哩哔哩）平台有助于政务单位开展舆论引导工作。相较于抖音等其他短视频平台，拥有成熟的弹幕功能机制的 B 站平台的作品类型更加多元化，可以实现创作者与用户之间强互动连接。2018 年 3 月，共青团中央于 2018 年入驻抖音，开设"青微工作室"官方账号，成为第一批入驻抖音的党政机构之一，迅速收获近 90 万粉丝和超过 1 400 万点赞量。政务机构入驻 B 站建立政务新媒体平台形成一轮风潮。2018 年 5 月，北京市公安局反恐怖和特警总队入驻抖音短视频平台，开设账号"北京SWAT"，发布的第一条抖音视频以火遍抖音的"98K"音乐为背景，穿着统一的反恐特警们完美地配合音乐中枪击声的节奏完成一系列不同难度的射击动作、直升飞机索降、实战演习等精彩镜头。该视频成为该抖音账号最热作品之一，

---

① 复旦大学国家文化创新研究中心.中国短视频研究现状与发展报告［R］.上海：复旦大学国家文化创新研究中心，2021.

点赞量达到810万多次，得到网民的高度认可。在视频中，与公众以往印象中高冷、神秘、遥不可及的特警形象不同，网友给他们的新标签是潮、炫酷和热血①。2018年，抖音官方认证的政府机构及媒体政务号超过了500家。其中包括人民网、共青团中央、央视新闻、国务院国资委等权威机构，形成了很多特色鲜明的政务短视频群组，抖音公布的数据显示平台政务账号相关视频播放量已超过16亿次②。抖音还启动"抖音政务媒体号成长计划"，联合包括国务院国资委、国家卫生健康委等11家政府机构、媒体机构，通过专业培训，帮助政府、媒体与有专业短视频生产能力的机构对接，通过培训教学、制作内容等方式，提升政府媒体在抖音上的内容生产能力，弘扬主旋律、传播正能量，推进政务数字化。截至2020年12月，我国各级政府共开通政务抖音号26 098个。我国31个省（区、市）均开通政务抖音号。其中，开通政务抖音号数量最多的省份为山东，共开通1 586个。2018年，人民网舆情数据中心发布的《短视频"正能量"传播研究报告——以短视频平台抖音为例》指出，政务抖音号涵盖的机构类型多达110种。其中，旅游类、公安类、地方发布类、文化类属于账号数量排名居前的政务平台，它们是发布短视频最活跃、最受网民喜爱的一批政务新媒体。

政务新媒体入驻短视频平台、与短视频的融合无疑给政务宣传提供了新的渠道，衍生了植入式、浅层结合式、深层融合式等传播形式。与微博、微信以静态文字和图片为主的传播形式相比，短视频在叙事和互动形式上具有视频创作形式门槛低的特性，从政务新媒体用户的视角进行叙事，更容易利用动态画面和音乐承载更多视觉知识，

---

① 孟伟. 抖音上的政府：向"网红"进军 [EB/OL]. [2023-12-15]. https://www.jiemian.com/article/2320502.html.
② 火星研究院. 抖音政务号分析报告 | 洋葱智库&卡思数据联合发布 [EB/OL]. [2023-12-15]. https://www.sohu.com/a/235848863_813600.

通过场景化展现，使用户更加有沉浸感，且内容表达深入浅出、通俗易懂，满足了用户碎片化使用习惯，不仅能强化政务传播效果，而且能够优化传播体验。微博、微信等政务新媒体发布内容多集中于资讯、政策解读。政务短视频的核心功能在于信息公开和宣传推广，而不是政务服务。政务短视频倾向于融入网民喜闻乐见、真实易理解的内容，音画同步模式更能在短时间内用趣味化、接地气的方式进行科普解读、活动介绍，其碎片化的特色迎合了移动互联网用户的阅读习惯，主题的明确、内容的生动形象让用户更易于接受，能更好地抓住用户的注意力，因此更具传播优势。

新兴媒介的涌现为政务新媒体范畴的拓展奠定了基础，从微博问政到"两微一端一视频"，新局面悄然呈现。政务微博、政务微信、政务App、政务短视频，协同服务政务工作，实现了政务新媒体应用多元化的新格局。越来越多的新媒体平台在政务工作中得到应用，表明新媒体的广泛应用打破了传统方式下信息传播的局限性，给政务工作带来极大便利，也给政务信息公开和信息服务等政务工作带来了挑战。政务新媒体能够推动政府公共治理能力的提高，促进服务型政府建设。各级政务机构可以积极探索利用新媒体，评估自身与新媒体功能的适配性，借助新媒体有效提升政务工作水平，实现自身的便民价值及施政价值，扩大政务信息的受众面，加强与社会公众的互动交流，增强政务信息的传播力和影响力，不断提升政务信息公开和政务服务工作的水平，更好地打造"政务+互联网"新模式。

2.1.3 服务型政府

服务型政府，是指遵循社会公正和民主，按公共参与和共同治理的法定机制和程序而组建起来的，为公民提供满意服务并承担相应责任的政府。相对于传统管理型政府，服务型政府以为人民服务为宗旨。2005年，在十届全国人大三次会议通过的《政府工作报告》中，明确阐述了服务型政府的内涵："创新政府管理方式，寓管理于服务之中，更好地为基层、企业和社会公众服务。"要求按照转变职能、权责一致、强化服务、改进管理、提高效能的原则，深化行政管理体制改革，优化机构设置，更加注重履行社会管理和公共服务职能。2006年，党的十六届六中全会对构建社会主义和谐社会作出了全面部署，强调要建设服务型政府，强化社会管理和公共服务职能。这是我们党首次在党的文件中提出服务型政府建设的明确要求。2007年，党的十七大把"加快行政管理体制改革，建设服务型政府"作为深化政治体制改革的重要内容之一。党的十八大以来，以习近平同志为核心的党中央从战略和全局出发对服务型政府的建设进行了部署。党的十九大报告强调："转变政府职能，深化简政放权，创新监管方式，增强政府公信力和执行力，建设人民满意的服务型政府。"2019年，党的十九届四中全会明确提出：构建职责明确、依法行政的政府治理体系。创新行政方式，提高行政效能，建设人民满意的服务型政府。

要更好发挥电子政务在建设服务型政府中的创新引领作用，政务机构需树立"受众在哪里，战场就在哪里"的互联网思维，根据自身公共产品及目标受众的特点、属性，在匹配度高的线上平台大力开展电子政务信息服务供给，以提高信息、服务的触达率与接受度，真正为群众办实事。

服务型政府的宗旨是以人为本，坚持执政为民，将促进社会和谐稳定作为基本目标，提供公共服务职能，建设透明政府，处事公平公正公开，提供高效便捷的服务。具体而言，服务型政府具有以下这些典型特征：

（1）强化公共服务职能。在政府职能中，公共服务职能更加突出更加重要，并且逐步成为主要职能或者核心职能，这是服务型政府的本质特征。服务型政府要求政府在全面履行各种职能的基础上，更加强化"社会管理和公共服务"方面的职能，实现政府职能向提供优质公共服务的根本转变。

（2）以人为本。服务型政府是以为人民服务为宗旨，以人为本，人民是国家的主人。政府的权力来自人民的让渡，政府为人民服务是天职，人民的利益至上，政府须全心全意为人民服务，实现社会公共利益最大化。

（3）高效政府。服务型政府应当是一个精简、廉洁、高效的政府。作为有所为、有所不为的政府，能够专心于服务工作，因而其机构设置更加精简，人员更加精干，服务更加周到。根据社会发展的需要，服务型政府应当充分考虑社会公众的需要，为公民和社会提供更为适时的、更加弹性的、更加灵活的服务。服务型政府应当将社会效益和经济效益很好地统一起来，以降低成本，节约财政资金。

（4）透明政府。将政府信息公开，使行政权力透明运行是建设服务型政府的内在要求。实施党务公开、政务公开、办事公开、流程公开的信息共享制度，让群众看明白、能监督，并且服务型政府还需要为公众参与提供渠道和欢迎公众监督，有效提高政府治理的透明度，使宪法和法律赋予公民的各项权利得到充分表达。

随着现代社会治理理念的转变与发展，为推进服务型政府的建设，顺应以人为本、社会本位的改革需求，运用先进信息技术可以改进服务型政府的公共服务职能，提升服务型政府的运行绩效，使政务工作公开透明，减少政府与社会公众之间的信息不对称，使信息公开成为贯穿权力运行全流程及政务服务全过程的常态。各类社会主体能够最大限度知晓公共政策的制定、执行和受监督情况，有利于增进治理主体间的互信，促进政府完善政策，创造良好发展环境和维护社会公平正义。要在政府管理服务中广泛引入新兴信息技术，如互联网、云计算、大数据、人工智能和区块链技术，深入推进数字政府建设，形成新的社会治理模式，推动政务流程再造和政务治理模式优化，以更好地服务社会大众。目前，我国政府数字化转型经历了办公自动化、电子政务、"互联网+政务服务"和数字政府四个发展阶段。2008年5月1日起施行的《中华人民共和国政府信息公开条例》（以下称《条例》）首次从法律上对政府信息公开作了明确规定，标志着我国政府信息公开的法律化、制度化、程序化。《条例》保障了群众的知情权、参与权、表达权和监督权，是加快推进服务型政府建设的一个重大举措。互联网具有交互性等特点，利用互联网搭建的治理主体间的沟通平台，可以形成多元主体参与的共治共享格局。在我国开启全面建设社会主义现代化国家新征程的时代背景下，要有效利用信息技术，不断推进国家治理体系和治理能力现代化。利用信息技术的目标是提高政府的效率，优化政府机关及其职能部门为公众提供的公共服务效能，推动公众参与决策，从而转变政府职能，建设服务型政府。政务新媒体的应用对于建设服务型政府起着重要的推动作用。新媒体平台依托的各种新兴技术，可以高效整合分散的政务信息资源，为推动服务型政府政务工作的开展拓展了更丰富的样式，提供了更多样的渠道。政务新媒体是互联网时代我国政府践行网络群众路线，凝聚社会共识的重要渠道。建设与发展政务新媒体是转变政府职能、建设服务型政府的有益探索和有效举措，也是切实提高政府舆论引导能力和社会治理能力的重要手段。

2.2 相关理论

2.2.1 新公共治理理论

公共治理概念从 20 世纪 80 年代开始在西方国家兴起，2006 年，新公共治理理论由英国学者史蒂芬·奥斯本提出。新公共治理理论是在传统公共行政理论和新公共管理理论的基础上建构的一种理论，这一理论旨在通过公共管理过程中多元主体的协作和共同治理，实现公共利益的最大化，它强调决策过程中的正式和非正式的行动者，通过建立有效的协商机制和合作机制，共同解决社会问题。

随着全球化和数字化的不断推进，社会治理面临着新的挑战和机遇。新公共治理理论重新构建了政府、市场和社会的关系，尤其是将公民和企业纳入主体范畴，强调治理过程的基础是协调而非控制，对政府、企业与公民角色进行了重新定位，主张多元主体参与和协作以解决公共问题，提高治理效率，最终实现民主治理、可持续发展的社会和政治目标。

新公共治理理论为政府和社会相结合层面提供整合的视角。随着现代通信手段的不断进步，特别是数字媒体时代的到来和智能手机的广泛使用，新媒体以其高效、便捷和广泛的特点，成为政府与民众之间沟通的重要桥梁。新媒体平台中社会公众既是网络信息的消费者，也是信息的生产者和分享者，新媒体为民众参与公共事务提供了便利渠道，政府、企业、公民等主体可以通过数据共享、信息交流等方式开展对话、合作，实现民意参与、社会共治的新格局，满足了民众多样化的服务需求，提升了社会治理的效率和公正性。在本书中运用新公共治理理论的合理性主要体现在以下几个方面：

首先，互联网的飞速发展拓展了国家治理的新领域。基于互联网的新媒体在重塑传播格局的同时，也构建了公共领域，营造了受众的表达空间，为政务新媒体参与社会治理创设了全新场景，推动了社会治理体系和治理能力的现代化。新媒体发展与社会治理相互赋能，彼此成就。新媒体在公共治理中的应用已经成为趋势，新媒体发展推动了公共空间的再转型，使人们生活习性与价值观念以及利益分配都作出了相应的调适，有利于增强人们的行动协同，凝聚行动共识，为政府机构进行社会治理、提供社会服务创建了路径基础，有利于社会治理方式的突破与调适，提升社会治理现代化的能力①。

其次，社会治理成为推动政务新媒体融合向纵深发展的着力点。新媒体促进社会治理的数字化和智能化转变，在内容、交互、平台等层面建构起政府与社会组织、政府与社会公众之间互动交流的新场域，实现社会治理体系的系统重构。面对互联网带来的新变化、新发展、新问题和新挑战，切实提升网络治理能力，是我国面临的一项重大课题。党的十八大以来，以习近平同志为核心的党中央准确把握信息时代发展潮流，加强对治网管网工作的总体布局和统筹谋划，作出了建立网络综合治理体系的重大部署。2018年4月，习近平总书记在全国网络安全和信息化工作会议上对建设网络强国提出了新要求："提高网络综合治理能力，形成党委领导、政府管理、企业履责、社会监督、网民自律等多主体参与，经济、法律、技术等多种手段相结

---

① 瞿佳. 媒介融合视域下政务新媒体的社会治理角色调适研究 [J]. 东南传播，2022（1）：6-8.

合的综合治网格局。"①党的十九大报告提出，要"加强互联网内容建设，建立网络综合治理体系，营造清朗的网络空间"。2019 年 10 月，党的十九届四中全会提出"必须加强和创新社会治理，完善党委领导、政府负责、民主协商、社会协同、公众参与、法治保障、科技支撑的社会治理体系，建设人人有责、人人尽责、人人享有的社会治理共同体"。

最后，政务新媒体呈现出多元治理主体相协同的特征。一方面，在建设数字政府、推进国家治理体系和治理能力现代化的背景下，具有多维度、多序列、多职能履职担当特征的多元主体共同参与到社会治理环节中，如政府机构、融媒体中心、网络社会组织等；另一方面，多元治理主体还存在结构差异，如治理主体空间、职能、领域维度上的差异。政务新媒体在强化技术发展的基础上，不断探索新型运营模式，作出了顺应"治理媒介化"大势的路径选择，尝试建构社会治理与政务新媒体融合的最优格局。

2.2.2 信息系统持续使用理论

信息系统持续使用理论（模型）建立在技术接受模型（TAM）和期望确认理论（ECT）的基础上。技术接受模型是信息系统使用与采纳行为研究的重要模型之一，是由 Davis 在理性行为理论和计划行为理论的基础上提出的，其目的是对计算机广泛接受的决定性因素做解释说明，即用户行为意愿决定了信息系统的使用，而行为意愿由感知易用性和感知有用性决定②。感知有用性是指一个人认为使用一个具体的系统对他工作提高的程度，感知易用性是指一个人认为一个具

---

① 央广网.【央视快评】大力提高网络综合治理能力［EB/OL］.［2023-12-15］. https://baijiahao.baidu.com/s? id=1598437315386178349&wfr=spider&for=pc.
② DAVIS F D. Perceived usefulness, perceived ease of use, and user acceptance of information technology［J］. MIS Quarterly, 1989（13）: 319-340.

体系统容易使用的程度。技术接受模型主要关注用户的心理和情感因素对信息系统采纳行为的影响，因而对于不同领域的信息系统使用行为具有很好的解释作用。

期望确认理论（ECT）被广泛用来评估消费者的满意度与购后行为（如再次购买或是抱怨等），以及一般性的服务营销（Anderson & Sullivan 1993；Oliver 1980；1993；Patterson et al. 1997；Tse & Wilton，1988）。在探讨消费者行为理论的参考文献中，Oliver 认为满意度是一种概括的心理状态，发生在情感围绕于不确认的期望和消费者之前有关消费经验的感觉。他认为用户继续购买意愿是由满意度所影响，而满意度是由期望、绩效及确认等因素所影响[①]。随着信息技术的发展，期望确认理论的研究从对消费者行为的研究延伸到其他学科领域，开始拓展到信息系统和信息技术领域中。

Bhattacherjee 在期望确认理论的基础上，整合了技术接受模型，提出了适用于信息系统用户持续使用意愿的研究模型，即信息系统持续使用模型（ECM-IT）。[②]。Bhattacherjee 认为用户持续使用信息技术或信息系统的行为和消费者重复购买商品的决策有相似之处，指出用户接受信息技术或信息系统只是成功的第一步，若能让用户持续使用，才能算是真正的成功。该模型保留了技术接受模型中对信息技术和系统的感知有用性，整合了期望确认理论中的满意度和期望确认度，指出三个先行因素可以预测用户持续使用信息系统的意愿，分别是：感知信息系统的有用性、用户对信息系统的满意度、用户使用后的期望。在 ECM-IT 理论中，感知有用性是持续使用意愿的重要驱动因素，如图 2-1 所示。

①　OLIVER R L. A cognitive model of the antecedents and consequences of satisfaction decisions [J]. Journal of marketing research, 1980, 17（4）：460-469.
②　BHATTACHERJEE, A. Understanding information systems continuance: an expectation-confirmation Model [J]. MIS Quarterly, 2001, 25（3）：351-370.

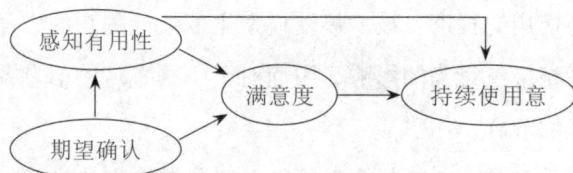

图2-1　信息系统持续使用模型

2.2.3　信息系统成功理论

1992年，De Lone 和 Mc Lean 两位学者创造性地提出了信息系统成功理论（模型）。在初始模型中，他们指出系统质量与信息质量决定着用户对该系统的满意度和是否使用该信息系统，其他信息系统成功的因素还有个人影响和组织影响。其后，Seddon 提出了对初始模型的改进，得到了修正的模型。改进后的模型由两个模型组成，第一个模型是信息系统行为模型，该模型指出对信息系统使用的净收益期望正向影响信息系统的使用行为。第二个模型是信息系统成功模型，该模型指出信息质量和系统质量通过感知有用性和满意度对个人、组织和社会三个层面发生作用。用户通过观察、个人经验或他人的报告从7个维度对使用信息系统后获得的收益进行评估与度量。在对信息系统有了整体评估和全面认知的基础上，用户对使用信息系统的期望收益有了一个反馈调节，及时修订之前的预估期望，从而更理性地决定是否继续使用该系统。

2002年，Delone 和 McLean 又进一步提出了修正的信息系统成功模型（如图2-2所示），相比于之前的模型，增加了服务质量这一因素对信息系统成功进行评估，以净收益变量代替原来的个人影响和组织影响，表明由信息系统的使用带来的收益与付出之间的衡量对比。修正后的模型采用使用意愿代替原来的使用行为，从态度上了解用户的观点对信息系统成功的影响，用户积极的使用意愿将导致用户满意度递增，用户满意度的增加会导致用户使用意愿的正向发展。

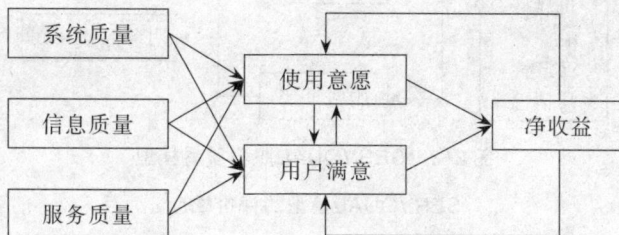

图2-2　信息系统成功模型

2.2.4　SERVQUAL服务质量理论

Gronroos认为服务质量是顾客所感知的质量。[①]服务质量具有多维度、多层次、综合性的特性。[②]

1988年，Parasurama、Zeithaml、Berry（简称PZB）三位从事服务质量评价研究的专家依据全面质量管理理论（TQM）在服务行业中的应用提出了SERVQUAL服务质量理论（模型），采用SERVQUAL（Service Quality）量表来衡量顾客感知服务质量[③]。PZB提出的服务质量模型SERVQUAL以"服务质量差距模型"为理论核心，即服务质量取决于用户所感知的服务水平与用户所期望的服务水平之间的差别程度，又称为"期望-感知"模型，用户期望是该模型衍生的先决条件，如图2-3所示。SERVQUAL模型用五个服务质量维度（见表2-1）来评价顾客所接受不同服务的服务质量，分别是有形性（Tangibles）、可靠性（Reliability）、响应性（Responsiveness）、保证性（Assurance）和移情性（Empathy）。

---

① 格罗鲁斯.服务管理与营销：基于顾客关系的管理策略［M］韩经纶，等译.北京：电子工业出版社，2002：112-113；176.
② 柴盈，韦福祥. 服务质量内涵的综述与思考［J］. 科技与管理，2004（3）：36-38.
③ PARASURAMAN A，ZEITHAML V A，BERRY L L. Servqual：a multiple-item scale for measuring consumer perceptions of service quality［J］. Journal of Retailing，1988，64（1）：12-40.

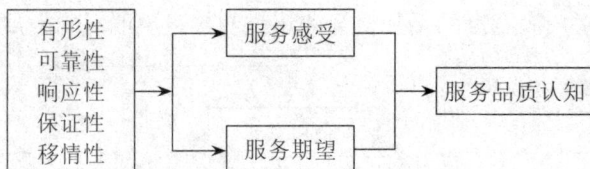

图 2-3 SERVQUAL 服务质量模型

表 2-1 SERVQUAL 模型的评价维度

评价维度	内容
有形性	实际设施、设备和服务人员的仪表行为等
可靠性	可靠而准确地提供服务承诺的能力
响应性	及时对服务对象要求进行反馈的能力
保证性	服务的专业性和技能性
移情性	提供个性化的服务并能够站在服务对象的角度考虑问题

SERVQUAL 模型广泛运用于服务性行业，用以理解目标顾客的服务感知和服务需求，为企业提供了一套管理和量度服务质量的方法。近年来，SERVQUAL 模型在一些研究中用于测量政务新媒体的服务质量。陈逸东在研究中基于 SERVQUAL 模型对上海市区级政务 App 服务质量进行了评价。[①]姚鹏的研究中使用 SERVQUAL 模型对政务新媒体绩效进行评估，探索不同服务质量维度与服务质量水平是否呈现出显著相关性。[②]张晓娟等基于 SERVQUAL 模型对"武汉发布"微信的服务质量进行了评价。[③]刘哲思采用 SERVQUAL 模型对政务微信的公众服务质量进行了评价。[④]

2.2.5 社会认知理论

社会认知理论被广泛运用于社会科学研究领域中对个体行为方式

---

① 陈逸东. 上海市区级移动政务 App 服务质量评价研究：以虹口区为例 [D]. 上海：华东师范大学，2021.
② 姚鹏. 政务新媒体绩效评估研究 [D]. 武汉：武汉大学，2017.
③ 张晓娟，刘亚茹，邓福成. 基于用户满意度的政务微信服务质量评价模型及其实证研究 [J]. 图书与情报，2017（2）：41-47；83.
④ 刘哲思. 基于 SERVQUAL 模型的政务微信公众服务质量评价研究 [D]. 湘潭：湘潭大学，2017.

的研究。三元交互决定论是由 Bandura 提出的一种社会认知理论①。Bandura 指出人类的行为是主体因素、行为因素和外部环境因素相互作用的结果，三者构成动态的交互决定关系，即三元交互决定论，如图 2-4 所示。三元交互决定论全面考虑了主体、外部环境和行为因素，指出主体、行为和外部环境任意两个要素存在相互促进、互为因果的关系，形成由主体、行为和外部环境构成的双向循环关系。主体因素主要指主体的信念、期望、利益、态度等引导主体行为方向的认知因素，外部环境因素主要指资源、行为结果、他人等，行为因素指意见表达、行动以及陈述等。主体通过意识应对不同的社会环境反应，外部环境在一定程度上制约和影响着主体的行为，从而导致行为倾向。三元交互决定论作为社会认知理论的支撑性基础理论，自提出以来已经被广泛应用于对社会中人的行为的研究，随着互联网的发展，三元交互决定论被逐渐应用于信息管理领域，如在线信息行为②③、在线学习行为④⑤等，可以充分解释说明受主体动机驱使及网络环境影响下主体信息行为的规律。

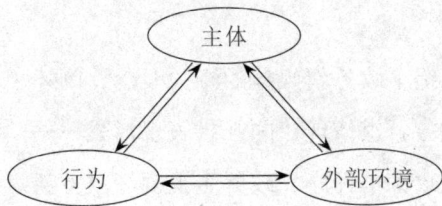

图 2-4　三元交互决定论

　　政务新媒体可以看成是一个系统，由政务新媒体用户（主体）、

　　①　BANDURA, A. Social learning theory [M]. London: Prentice Hall, 1976: 6-16.
　　②　陈为东. 过程感知视域下学术新媒体用户信息偶遇行为研究 [D]. 长春: 吉林大学, 2021.
　　③　冯钰茹, 邓小昭. 弹幕视频网站用户弹幕评论行为的影响因素研究: 以 Bilibili 弹幕视频网站为例 [J]. 图书情报工作, 2021, 65 (17): 110-116.
　　④　肖康, 胡瑞玉, 张家年. 大学课程直播教学中师生互动影响因素的模型构建 [J]. 成都师范学院学报, 2023, 39 (4): 108-118.
　　⑤　郑军, 徐天宇. 新冠疫情下大学生自主学习能力的提升策略: 基于 "SCT" 的三元交互模型理论 [J]. 牡丹江大学学报, 2022, 31 (6): 72-80; 94.

政务新媒体平台（外部环境）、用户行为（行为）三个要素（因素）构成的相互联系、相互作用而形成的整体。在政务新媒体环境下，主体因素表现为社会公众主体对政务新媒体感知形成的个人态度、观点、期望、利益等，是政务媒体平台持续关注的内因。主体可以通过对政务新媒体平台使用的认知来影响自己的行为和意愿。外部环境因素即政务新媒体的物理平台和环境因素，是指影响社会公众的持续关注行为的客观因素，包括政务新媒体平台的信息质量、互动性、有用性等因素，会从多方面影响社会公众对政务新媒体的信任、满意和感知价值，进而引发其持续关注行为的产生。行为因素是指社会公众对政务新媒体的持续关注行为。政务新媒体平台服务能否最大化地发挥其效能，在很大程度上取决于社会公众的持续关注行为。政务新媒体平台、政府机构新媒体管理人员的管理水平和能力对社会公众的感知存在显著影响。

2.3　本章小结

本章主要介绍了政务新媒体的相关概念，阐述了服务型政府的概念和特性，对政务新媒体现状的几种表现形式——门户网站、政务微博、政务微信、政务小程序、政务短视频等政务新媒体形式进行了说明和分析。在本书的理论介绍部分，介绍了新公共治理理论、信息系统持续使用理论、信息系统成功理论、SERVQUAL服务质量理论和社会认知理论的相关内容。

政务新媒体用户特性研究和研究模型建立

本章主要以政务新媒体的用户特性研究、研究模型的建立、研究假设的提出为主要任务。本章共分为三个部分内容：首先是对政务新媒体用户的研究，分析政务新媒体用户的特征；其次，论述本书研究模型的建立过程，在第2章相关概念和理论的基础上，提出政务新媒体服务对用户的影响因素概念模型构建方法；最后，基于现有文献和相关理论，提出本书的各个假设，完成本书的理论框架建构。

3.1 政务新媒体用户

当前，新媒体信息内容的传播平台以及信息数据量获得了显著增加，这些信息可以通过各种各样的新媒体平台散播出去，例如微信、QQ、微博，以及短视频传媒网络直播平台如抖音、快手等App，这些平台的发展都为公众群体更好地参与新媒体信息的传播提供了更加丰富的渠道。

政务新媒体用户是政务服务的对象，在新环境下，用户的特点、形态、内核正在发生新的变化。一方面，用户在政务网络新媒体上的网络参与行为，例如转发信息、发表评论意见、点赞等方式，会进一步影响政府的决策活动过程和结果，用户生成的在线网络意见和观点已成为政府管理决策的重要依据。另一方面，新媒体环境中网络用户生成的内容呈现多样化。用户生成内容涵盖各种声音和观点，包括正面内容和负面内容，可在短时间内扩散给大规模网络用户。新媒体的信息传播速度要求政府机构须理解和应对新媒体平台的上观点和态度，积极互动并迅速地作出反应。对政务新媒体用户的研究涉及用户的需求、用户满意度、信息技术、应用功能等方面，深入了解用户的特性有助于为政务新媒体服务的开展提供有价值的信息，提升用户的体验，改善政务新媒体平台的服务效能和绩效。在政务新媒体背景下，用户的特征主要有：

1.广泛性特征

互联网已经融入人民群众社会生活的各个领域，我国网民规模近年来已经突破10亿，政务新媒体所面对的用户就是互联网的网民群体。第51次《中国互联网络发展状况统计报告》显示，截至2022年12月，我国在线政务服务用户规模达9.26亿，占网民整体的86.7%。新媒体的本质是网络社群。网络社群是网络空间中具有共同兴趣、认知、价值观等因素的个体形成的一种社会聚合，这些个体通过去中心化的社交和网络服务的方式产生群体意识，从而形成社会关系网络。以新媒体为平台的用户聚合也属于网络社群，社群成员是以分散方式聚集，突破了人们建立在传统形式上的社会关系，通过多种形式的新媒体，如微博、微信、社交网站等应用将人们在虚拟空间上聚合，其聚合范围更广、聚合成本更低、聚合速度更快[①]。在新媒体环境下，基于移动互联网的飞速发展，用户群体的信息需求和使用习惯倾向于碎片化、分众化和定制化的趋势，对轻松活泼的信息传播风格更为青睐。数字赋能的新媒体平台的交互性更强，重构了用户与政府的关系结构，政务新媒体依托互联网和移动网络成为用户与用户之间的重要纽带。政务新媒体共享性的功能使人人都有权利知晓和了解相关信息，用户可以利用政务新媒体平台实现政务参与，便捷地获取各类政务信息和资讯。政务新媒体要还扩展了用户表达诉求的渠道，政府、新媒体平台和用户彼此之间形成了一种双向建构的传播机制，将社会互动的权力交给用户个体，帮助公众真正实现舆论监督和民主发声。广泛性表现在新媒体平台成为公共表达平台和各种信息的集散地，用

[①]　张建松. 政务微信的社会影响与传播策略研究 [J]. 新闻知识，2015（1）：69-71.

户突破时空限制进行参与，人人都可以成为信息的传播者，也可以成为信息的接收者，突破了传统主流媒体一元化话语权的限制，削弱了主流媒体格局下话语权的优势，人人都具有舆论的话语权，在新媒体平台上发表自己的观点与意见，用户参与范围得以扩大①。

2.主动参与性特征②

传统社会中，受政治机制、社会机会等客观条件的制约，广大社会公众的政治参与水平较低，即使在政治参与的主客观条件都已经得到极大改善的现代社会，普通民众的政治参与在整个社会生活中依然只是极其微小的一部分。因此，公众通过直接政治参与获得的政治信息是极其有限的。随着我国社会民主化、法治化进程的不断加快，在互联网的去中心传播方式作用下，公众的参政意识和民主意识日渐增强。互联网的蓬勃发展，新的传播格局的形成，为政务信息的传播提供了泛在的信息场域和多形态的存在方式。政务新媒体依托新媒体平台，公众通过对新媒体平台进行运用，能够更快速地参与到政务新媒体中来，公众的参与意识、主动性、广泛性也得以增强③。网民的主动参与性在网络空间得到了充分的体现，各种新媒体如微信公众号、微博、头条和短视频等的广泛普及，与网民的高度参与是分不开的。主动参与性主要表现在用户群体的需求不单是获取信息，还需要通过阅读、分享、留言反馈等形式参与信息发布、信息创造以及信息传播的过程，通过信息的再创造和传播将自身的主观观点融入进去，体现用户对外部事件的认知和对周围环境的态度。用户在参与过程中能够有针对性地发表自己的意见和见解，政府部门可以有针对性地进行处理。新媒体时代，多种平台渠道可以发布同一类型的信息，这在一定

---

① 陈楠. 政务新媒体：开展社会舆情治理的重要载体 [J]. 传媒，2021 (12)：53-55.
② 马志涛. 新媒体传播与受众参与式文化研究 [J]. 采编，2022 (3)：88-90.
③ 张磊. 新传播格局下政务新媒体受众参与及提升途径 [J]. 新闻传播，2021 (11)：92-93.

程度上提升了信息传递的速度，扩大了信息传递的覆盖范围，这种传播方式与传统单向信息传播模式具有较大的区别，能够让信息用户群体更好地参与到信息传播的过程中。因此，用户的参与又呈现出"信息可复制"的大众传播特征，例如当用户在政务微博平台上转发、分享和讨论新闻话题时，信息将被不断扩散，甚至辐射整个社会。

3.讨论性特征

新媒体时代，由于信息获取的便利性、获取渠道的多元化以及信息的传播与加工门槛较低，有即时性特征的新媒体工具使得用户能够借助移动网络和智能终端随时随地地发表自己的个性观点，普通用户群体进一步被赋权，可以成为新媒体网络空间中自主性和参与性信息的传播者，且话语传播速度快、覆盖广、信息多，主流媒体的信息传播者的中心地位开始受到冲击，公众话语的影响力得以扩大。用户主动地参与到对同一个话题的讨论以及问题分析的过程中，往往会采用个性化的解读方式评价一些社会热点事件，而且用户面对各种事件时会产生不同的理解和看法，可以对接收到的信息开展评论。由于微博、微信等新媒体平台信息传播的便利化，公共事件发布的频率得到了逐步提高，新媒体平台形成了一个交流、讨论、互动的平台。新媒体技术重构了媒介内容生态，用户的交流、讨论具备了社会化、圈层化、去中心化的特点，通过社会交往互动，以及新媒体复制与传播工具，在人际社交关系网络上形成政务信息传递、交流分享与传播的信息空间，能够达到在整个社交网络上进行扩散的目的。新媒体平台上信息传播门槛的降低，使得公众享有更多的话语权，用户群体可以将自己的主观意识加入到信息内容中，甚至有些片面性较强的观点也会被大量传播，造成误导，这种带有强烈个人主观意识的信息发布与官方发布的准确消息之间存在着一定的矛盾，政府机构面临舆论引导与监督等多方面的挑战。

4.双向互动特征

新媒体的广泛使用，使得广大公众可以在虚拟网络世界中迅速聚合，用户与用户之间借助新媒体平台进行双向互动，他们在公共信息平台上对感兴趣的共同话题、公共事件沟通信息、交换意见。用户生成的内容丰富多样，在新媒体环境中不会受到传统媒体的编辑控制，用户互动过程中往往又会形成一定的舆论。因此，在新媒体平台上可以形成舆论主阵地，网络舆论的形成和发展更加多元化，给了舆情传播、发酵的机会。新媒体网络舆论的影响力越来越大，重塑着传统媒体格局下的舆论生态，给政府的社会舆论引导和治理工作带来了挑战和机遇。如果不对其加以控制引导将增加危机的不可控因素，可能会导致舆情泛滥，造成负面影响，从而导致政府公共关系出现危机。政府部门可充分利用新媒体的优势，加强新媒体平台建设，将政务新媒体打造成政务信息公开、舆情引导的重要阵地。在向广大社会公众传递最新政策、资讯和信息的同时，政府还要加强社会舆论的引导。比如，在发生公共事件之后，政府需要在第一时间针对新媒体平台内的公众评论和反馈进行积极互动、及时回应，并在新媒体的舆论汇集和分析功能的支持下，针对社会舆论作出正确有效引导。反之，如果网络世界中的社会舆论没有得到政府机构的正确引导，网络中散布的谣言会进一步深化舆论事件本身的负面影响。

5.自主性意识不断提升特征

在新媒体时代下，在网络平台相对自由的环境及其技术支持下，信息传递系统能够对新媒体信息传播起积极的推动作用，用户在接受和传播信息时变得更加自由，获取和传播信息时自主性意识不断提升。新媒体平台获取信息便捷、快速的特点使用户可以自主选择信息。自主选择信息内容区别于被动接受固定信息这一传统模式，多元的媒介种类使公众可以自主选择符合自己喜好的媒介，网络新媒体环境中的用户不同于传统媒体下的受众（仅仅是被动的信息接收者），新媒体用户是主动的信息索取者，能够根据自身信息需求，通过关注或使用政务新媒体平台，在各类新媒体平台上获取信息。在当前媒介传播内容日益丰富的情境下，用户在面对政务新媒体发布的信息内容时，可以自主选择感兴趣的信息内容，以满足自身需求为标准，政务新媒体发布的信息内容如果都是内容枯燥的新闻通稿、官方文章等显然难以受到用户的欢迎。

6.个性化特征

网络技术以及通信技术的迅速发展，为新媒体行业以及用户群体参与媒体行业的个性化发展提供了基础条件。随着新媒体信息传播渠道的增加以及传播内容的多元化发展，网络平台上生成了复杂而又庞大的用户群体，加之其教育经历、生活环境、职业背景等存在差异，新媒体领域出现了媒体用户个性化发展特征。新媒体用户不是被动的行为主体，而是能够依据个体意识解读媒体信息，呈现出复杂性的精准细分趋势。大数据技术的应用使新媒体平台能够通过对用户个人特质、关系链、兴趣爱好等多维度信息的分析，完成对内容的个性化精准分发推荐，有针对性地传递符合用户个性特征的消息，用户也可以根据自身对于新媒体信息的需求选择媒体平台。在新媒体时代，分众传播的特性明显，不同的用户群体又呈现出不同的接受特点，用户会根据自己的认知水平和喜好选择他们认为重要的内容来接受，且用户对于媒介的选择性逐渐多样化，不同的平台聚集了不同特质的用户。

综上所述，随着新媒体的快速发展，互联网的时空便利性让人们可以随时了解最新资讯。现代社会中，媒介具有重要的社会功能[①]。在新媒体兴起的背景下，技术、传播手段的新变化导致媒体

---

① 邵培仁. 传播学 [M]. 北京：高等教育出版社，2007：88.

格局、新媒体的用户都在发生变化①。与传统的交流模式相比，新媒体为公众提供了更多与政府机构互动的机会，公众参与的门槛大大降低，政府和公众互动的范围和频率得到了明显的提升。公众可以通过社会化媒体平台提问、评论和分享信息，这需要政府机构更积极地与公众互动，提高透明度和信任度。一个良好的网络新媒体平台的构建，显然并非简单地将政务信息服务工作网络化了事。目前，一些政府部门对新媒体的运用，还停留在传统媒体网络的单纯扩展和延伸，传播内容的深度不够，与公众的互动也大多停留在发布信息、公告上，且信息更新速度慢，公众的留言或评论得到回应较少，与公众的互动还有待加强，且政府信息发布内容在不同的新媒体平台上具有内容同质化特征，未兼顾多平台用户特性，信息质量不高，影响了传播效果②。

对于网络用户，接触新媒体是为了满足自身信息需要，主要关心的是能否在网络新媒体平台上取得更优质的信息，获取效率更高的政务信息服务。政务新媒体的公共性是其信息传播的价值基础，政务新媒体的开通是为了更好地为群众提供服务，应当树立"用户为先"的服务意识，从用户需求角度有针对性地发布、提供群体关注的信息，积极向用户推送其关注的、感兴趣的资讯，为用户提供个性化服务。因此，除信息公开及信息服务外，政务新媒体应充分尊重和考虑用户不断变化的信息需求和服务需求，研究用户的结构特性、用户的行为特性和用户的需求特性，做好线上新型服务，提升用户活跃度和用户黏性，成为政府部门及公众沟通的桥梁。

对用户的研究主要包括用户的人口统计特征和用户对政务新媒体

①　李金阳. 政务新媒体信息服务能力提升研究［J］. 科技创业月刊，2022，35（9）：61-63.
②　王灿发，王晓雨. 完善突发自然灾害事件的政府新闻发布机制［J］. 新闻爱好者，2022（7）：4-6.

的需求方面，如性别、年龄、受教育情况、对政务新媒体的关注行为或偏好、对政务新媒体的信息需求和服务需求等。通过对这些因素的考察和分析，有利于了解用户的感知和意愿，有利于政务新媒体的传播者在规划和执行政务新媒体宣传战略时更好地界定用户，为提升服务质量和传播效果提供思路。

3.2　政务新媒体服务对用户的影响因素模型

在新公共治理理论、社会认知理论、信息系统持续使用模型（ECM-IT）、信息系统成功理论和SERVQUAL服务质量理论的基础上，本书提出了政务新媒体服务对用户的影响因素模型。以这些理论为基础框架和逻辑基础，有利于准确、清晰地反映本书的思路并揭示政务新媒体平台持续使用的机理。对于政务新媒体服务的分析将主要集中于信息质量和服务质量这两大因素对政务新媒体用户持续使用的影响方面。

新媒体平台为政务服务提供了方便的信息获取、信息发布和信息传递功能，有助于及时发布政务工作的各种信息，避免传统媒体宣传方式中信息传播速度较慢、信息来源不全面等问题。只要涉及信息的领域便存在信息质量问题，政务新媒体的信息质量管理需求较为迫切。政府新媒体信息应具备时效性、真实性、准确性、完整性和严肃性，才能塑造良好的公众形象，维护政府的公信力。政务信息经新媒体平台向大众用户传递的整个过程都涉及信息质量问题[1]。政务新媒体要更好地吸引公众，在众多媒体中脱颖而出，需要不断提高信息质量。信息质量是信息系统性能的构成维度之一。信息质量是判别信息

---

① 朱益平，杜海娇，张佳，等. 基于RS-BP神经网络的政务微信公众号信息质量评价模型研究［J］. 情报科学，2021，39（2）：54-61；69.

产品是否合格，是否适用于信息用户的标准之一。

在信息系统服务质量研究领域，一些学者的研究指出良好的平台服务水平是用户在使用信息技术时的直观感受，响应时间、信息完整度等都能够影响用户的忠诚度。Alruwaie等的研究指出服务质量和满意度是公民持续使用电子政务服务的重要影响因素。①沈艺的研究指出服务质量是政务新媒体平台用户满意度的影响因素之一。②因此，本书针对政务新媒体持续关注的影响因素主要总结了以下这几方面的因素，分别是新媒体信息质量堪忧，内容陈旧，缺乏更新的时效性，所发布的内容空洞，办事服务内容不够实用，回复网民提问生硬呆板，发布的信息出现错别字、敏感词、表述错误的不合规范信息，或与其社会身份不符的失当信息等情况，这些方面的问题对政府形象造成严重的负面影响。政务新媒体服务对用户的影响因素包括：信息质量、互动性、有用性、可靠性、移情性、期望确认、满意、信任、感知价值。

1.信息质量

信息质量因素来源于信息系统成功模型和三元交互决定理论，反映公众对政务新媒体平台的信息质量感知。信息质量主要指用户对政务系统信息发布的准确性、全面性与及时性特质的评价。黄艳等的研究指出信息质量反映了信息系统语义的性能，体现政务信息表达的精准性、完整性和及时性。③

用户可以通过政务新媒体平台获取政策法规、通知文件、办理业务等，是政务信息传播的受体，也是感知政务信息质量的主体。在信

① ALRUWAIE M, EL-HADDADEH R, WEERAKKODY V. Citizens' continuous use of E-government services: the role of self-efficacy, outcome expectations and satisfaction [J]. Government Information Quarterly, 2020, 37（3）: 101485.
② 沈艺. 电子政务新媒体的公众满意度研究：以我国政务微博为例 [D]. 上海：上海应用技术大学, 2021.
③ 黄艳, 刘默扬, 李卫东. 政务短视频用户信息分享行为研究：以抖音和快手平台的"青年学党史"作品合集为例 [J]. 北京航空航天大学学报（社会科学版）, 2022, 35（1）: 92-101.

息系统使用的相关文献中，Kim等的研究指出信息质量是评价用户感知电子服务质量的最重要指标。①Delone和McLean的研究指出，当用户对信息系统的认知情况不再局限于只利用信息系统获取信息时，则其会希望在信息系统上获得更多的功能应用。信息系统的性能与系统质量、信息质量和服务质量密切相关。②陈明亮等的研究指出，提高政府电子政务系统为公民服务的质量和效率有助于增强公民对政府的信任，建立和谐政民关系。③李晶的研究指出，信息质量是用户对移动图书馆满意度和用户持续使用的关键因素。④

　　政务平台信息服务质量是衡量电子政务信息服务质量的重要指标，将直接影响公众对政府网站使用的满意度。如何提升政务平台信息服务质量和公众满意度成为电子政务研究的重要议题之一。⑤外部社会环境催生了对政务新媒体平台信息质量的管理需求，技术环境则为政务新媒体平台信息质量管理提供了信息技术支持。宋雪雁等的研究表明，用户在政务微信平台接收到的信息与目标信息相关性越强、可用性越高，用户越容易在政务微信平台上理解、接受信息并积极参与点赞评论，其满意程度也越高⑥。朱红灿指出，政务新媒体的信息质量越是超出用户可接受程度、系统功能越烦冗，越容易引起公众的反感情绪，使公众对政务新媒体的使用频率降低，持续使用意愿减弱。⑦马昕晨等的研究指出，信息传播质量和详细内容质量是新媒体信息质量的构成

　　① KIM S, STOEL L. Dimensional hierarchy of retail website quality [J]. Information & Management, 2004, 41 (5): 619-633.
　　② DELONE W H, McLean E R.Information systems success: the guest for the dependent variable [J]. Information Systems Research, 1992, 3 (1): 60-95.
　　③ 陈明亮, 马庆国, 田来. 电子政务客户服务成熟度与公民信任的关系研究 [J]. 管理世界, 2009 (2): 58-66; 187-188.
　　④ 李晶, 郭财强, 明均仁. 移动图书馆用户满意度影响因素的动态演变研究 [J]. 图书馆建设, 2021 (3): 113-121; 142.
　　⑤ 李志刚, 徐婷. 电子政务信息服务质量公众满意度模型及实证研究 [J]. 电子政务, 2017 (9): 119-127.
　　⑥ 宋雪雁, 管丹丹, 张祥青, 等. 用户满意视角下政务微信知识服务能力评价研究 [J]. 情报理论与实践, 2019, 42 (3): 120-126.
　　⑦ 朱红灿, 李建, 胡新, 等.感知整合和感知过载对公众政务新媒体持续使用意愿的影响研究 [J]. 现代情报, 2019, 39 (11): 137-145.

元素。[①]Brunelle的研究指出信息丰富度的提升能够增加用户对平台所提供产品和服务价值的感知。[②]朱益平的研究指出政务微信公众号信息质量的改进对政府部门公信力的提升具有一定作用。[③]

在本书中，政务新媒体平台的信息质量是指用户从中获取信息时，对新媒体平台发布信息的多样化、及时性、是否经常更新等方面的感知，这些方面在不同程度上影响着用户的满意度、信任度和感知价值，从而影响着用户是否保持对政务新媒体的关注。综上，本书提出如下假设：

H1：感知信息质量正向影响用户对政务新媒体的满意。

H2：感知信息质量正向影响用户对政务新媒体的信任。

H3：感知信息质量正向影响用户对政务新媒体的感知价值。

2.互动性

互动性因素来源于服务质量模型和三元交互决定理论，反映用户对政务新媒体平台环境的互动性感知。新技术与新媒体的融合为媒介内容的传受双方建立了直接的沟通渠道，对信息传播和互动方式产生了深远的影响，互动性是新媒体的本质特征，用户可以使用各种终端设备与传播者实现互动。新媒体平台打破了传统媒体时代信息公开工作的单向性，为广大公众创造了更好的条件、更便捷的平台，让用户与平台进行双向互动交流、反馈。这种交流反馈最大的特点就是双向互动，用户在关注某一个政务新媒体平台后，不仅可以便捷地获取各类信息和资讯，还可以尝试与这个平台进行互动交流并期待得到回复，互动程度高的政务新媒体容易得到用户更多的关注。许多政务新

---

① 马昕晨，冯缨. 基于扎根理论的新媒体信息质量影响因素研究 [J]. 情报理论与实践，2017，40（4）：32-36；48.
② BRUNELLE E. Introducing media richness into an integrated model of consumers' intentions to use online stores in their purchase process [J]. Journal of Internet Commerce, 2009, 8（3-4）：222-245.
③ 朱益平，杜海娇，张佳，等. 基于RS-BP神经网络的政务微信公众号信息质量评价模型研究 [J]. 情报科学，2021，39（2）：54-61；69.

媒体用户有自己感兴趣的主题，政务新媒体平台的推送服务有助于改善用户使用体验。

新媒体的快速普及使得政务部门借助互动反馈平台直接回应网民呼声，解决现实问题，疏解社会痛点，为社会组织参与政务治理提供了可能性，是互联网社会治理效果最直接的体现。政务新媒体为民主政治参与和社会和谐发展营造了良好的舆论环境，逐渐成为社会公众接受社会公共服务和参与社会政治事务的重要工具，对网络舆论治理和引导具有积极意义。政府机构利用新媒体平台有助于和广大民众双向互动交流，了解民意、拉近与公民的距离，增强决策的科学化、民主化水平①。伊玫瑰指出公共空间是社会民主治理的基石，传统公共空间数量有限，受到时间、空间的限制，难以满足公众互动交流的多元化需要。②新媒体环境下，网站、微信群、公众号、微博等在一定程度上形成了网络公共空间，社会公众可以通过网络所形成的公共空间发表意见、表达诉求、沟通协调，提升了政务治理的有效性。

已有研究表明，新媒体影响着政府的活动，尤其是与公民的互动③。王立华的研究指出政府信息公开能够促进社会公众积极地浏览政务微博以及在微博上进行互动，能提升社会公众满意度和影响政务微博参与行为。④Criado等指出地方政府在社会化媒体Twitter上通过创建内容可以和公民开展互动以及提供公共服务。⑤Cho等的研究指出政府利用社会化媒体与公民开展合作与互动有利于政民共同评估和

---

① 张弛. 新媒体背景下中国公民政治参与问题研究 [D]. 长春：吉林大学，2015.
② 伊玫瑰. 新媒体视域下的社区治理创新 [J]. 传媒，2022 (5)：74-76.
③ MADYATMADJA E D, SANO A V D, SIANIPAR C P M, et al. Factors influencing the uses of social media within the government: a systematic literature review [C] //2020 International Conference on Information Management and Technology (ICIMTech). [S.l.]: IEEE, 2020: 835-840.
④ 王立华. 如何促进政务微博公众参与：基于政府信息公开的视角 [J]. 电子政务，2018 (8)：53-60.
⑤ CRIADO J I, VILLODRE J. Delivering public services through social media in European local governments: an interpretative framework using semantic algorithms [J]. Local Government Studies, 2020, 47 (2): 253-275.

政民共同设计。[①]Li等的研究指出，公民感知政务微博服务互动性通过公民满意度和信任度影响公民对政务微博的持续关注意愿。[②]政务新媒体成为传播、监督、交流、分享和互动等多元化功能的载体[③]，为政务部门与大众互动提供了新渠道，有助于政务部门了解民意、拉近与公民的距离，增强决策的科学化、民主化水平[④]。政务新媒体平台如果仅仅是被动等待用户浏览和提出信息需求，而且很少回复、不能解决实际问题，则难以与用户形成良性互动。熊思斯的研究指出政务新媒体上的留言板具有政民互动回应模式，如采取适当回应策略，将有效提升民众满意度。[⑤]因此，政务新媒体平台的互动性反馈也是体现大众的满意度、信任度和感知价值影响的重要方面。综上，本书提出如下假设：

H4：感知互动性正向影响用户对政务新媒体的满意。

H5：感知互动性正向影响用户对政务新媒体的信任。

H6：感知互动性正向影响用户对政务新媒体的感知价值。

3. 有用性

有用性因素来自信息系统持续使用模型。有用性是用户感知政务新媒体平台提供的信息服务是否获得了良好体验，是否能满足用户的信息需求。网络使公众从被动的信息接收者转化为主动的信息索取者，他们对信息的获取需求也更加强烈。对于新媒体用户来说，一方面，他们关注政务新媒体平台，希望获取到有用的、专业性强的信

---

① CHO W, MELISA W D. Citizen coproduction and social media communication: delivering a municipal government's urban services through digital participation [J]. Administrative Sciences, 2021, 11 (2): 59.

② LI Y X, WANG H C, ZENG X W, et al. Effects of interactivity on continuance intention of government microblogging services: an implication on mobile social media [J]. International Journal of Mobile Communications, 2020, 18 (4): 420-442.

③ 翟兴波, 李璐, 肖小平. 全媒体时代人大新闻报道研究 [J]. 新闻前哨, 2016 (2): 27-28.

④ 张弛. 新媒体背景下中国公民政治参与问题研究 [D]. 长春: 吉林大学, 2015.

⑤ 熊思斯, 滕宇, 胡珀. 政务新媒体互动内容分析及诉求回应研究: 以人民网留言板数据分析为例 [J]. 情报杂志, 2024, 43 (3): 150-156; 9.

息，并且政务信息公开的内容通俗易懂；另一方面，新媒体创造的虚拟空间为新媒体用户表达诉求、交流思想提供了新平台，提高了用户的政治参与能力。

已有研究指出用户对政务新媒体的感知有用性与用户满意度呈现正向关系。谷乐等对政务微博公共服务满意度开展了评价，研究结果指出感知有用性与政务微博服务满意度现状正相关。[①]Nadzir等指出政府机构使用社会化媒体向公众传播准确、有用的信息非常重要。[②]政务新媒体依托数字化技术搭建了公众信息服务的资源基础，使得政务信息服务更加趋于完善。因此，在本书中，感知有用性是用户对政务新媒体平台界面是否简洁、易于操作，服务是否具有低成本性，以及是否能解决用户的实际问题等方面的主观感受。综上，本书提出如下假设：

H7：感知有用性正向影响用户对政务新媒体的满意。

H8：感知有用性正向影响用户对政务新媒体的信任。

H9：感知有用性正向影响用户对政务新媒体的感知价值。

4. 可靠性

可靠性因素源于服务质量SERVQUAL模型，该模型中可靠性是指用户对服务提供者的服务可靠而准确的能力承诺的感知。结合政府机构职能和公众实际需求，可靠性是指用户对政务新媒体平台提供政务信息公开和政务服务中服务承诺的感知。马敏指出可靠性是指政务新媒体渠道发布严谨的事件信息，为社会公众提供正确的舆论引导，避免失实信息的扩散。[③]胡衬春的研究显示，电子政府的使用频率与

---

① 谷乐，霍明奎. 政务微博平台公共服务满意度调查与提升策略 [J]. 中国管理信息化，2021，24（19）：168-171.

② NADZIR M M. Proposed E-government 2.0 engagement model based on social media use in government agencies [C] //2019 IEEE Conference on E-learning, E-management & E-services（IC3E）. [S.l.]: IEEE, 2019: 16-19.

③ 马敏. 突发公共事件网络舆情的政府回应力评价研究 [D]. 广州：暨南大学，2020.

公众对地方政府的政治信任度具有显著正相关。[①]孙晓燕等的研究指出，政务微博的使用改善了政府信息的公开范围和及时性，即公众使用政务微博能够一定程度地改善政府形象。[②]孟威指出政务新媒体可以适度地娱乐化包装，使信息传播变得更有温度和有趣，但是政务新媒体的形式始终要为内容服务，不能一味追求点击率、阅读量等影响力指标而迷失以真实性为核心的价值取向。[③]Kim等的研究表明新媒体平台可以作为提高政府的可靠性、透明性、参与性和沟通互动的公关工具。[④]张晓娟的研究指出可靠性与政务微信用户满意度之间呈显著的正向相关关系。[⑤]综上，本书提出如下假设：

H10：感知可靠性正向影响用户对政务新媒体的满意。

H11：感知可靠性正向影响用户对政务新媒体的信任。

H12：感知可靠性正向影响用户对政务新媒体的感知价值。

5.移情性

移情性因素源于服务质量SERVQUAL模型，该模型中移情性维度主要指为客户提供服务时应从个性化关怀的角度出发，关心顾客，考虑不同客户的需求，提供多元化服务，重视顾客的利益，对客户提出的问题能够及时进行反馈，并加以有效的解决。

已有研究指出移情性构成了用户对组织所提供的数字化产品和服务效益的一部分，赵生辉在研究中指出公众对数字政府产品的感知价值是公众对政府向公众提供数字化产品和服务效益的全面考察，移情

① 胡衬春. 地方政府网站、政务微信、政务微博的使用与公众政府信任的关系研究 [J]. 电子政务，2017（12）：90–101.
② 孙晓燕，王芳，李兆静. 政务微博对公众感知政府形象影响的实证研究 [J]. 情报杂志，2015，34（11）：131–134.
③ 孟威. 舆论场域、动力结构与政法新媒体的专业性再造 [J]. 传媒观察，2022，464（8）：54–62.
④ KIM S K, PARK M J, RHO J J. Effect of the government's use of social media on the reliability of the government: focus on Twitter [J]. Public Management Review，2015，17（3）：328–355.
⑤ 张晓娟，刘亚茹，邓福成. 基于用户满意度的政务微信服务质量评价模型及其实证研究 [J]. 图书与情报，2017（2）：41–47；83.

性是公众评价数字政府产品价值的衡量标准之一[①]。政务服务的主要目的是对人民的需求以及反馈有高度的重视，陈逸东指出感知移情性是指移动政务App应满足民众的个性化需求，能提供民众所需的定制化服务[②]。霍明奎等的研究指出，政务微信平台的移情性是指平台能随时为用户提供服务，且平台针对不同的用户能提供个性化服务。[③]姚鹏的研究指出移情性因素可以考察政务新媒体的形象系统和对公众的反馈态度。[④]因此，在政府机构利用新媒体平台对公众提供政务信息公开、提供政务服务的工作过程中，应设身处地地为公众着想，对公众的反应给予必要关注；应使大众知情知政，鼓励公众参与到政务的信息公开工作中，让公众感受到政务工作的亲民性和关怀性；应通过新媒体平台与大众充分交流沟通，且为用户提供安全隐私保障，从而提升大众的满意度。综上，本书提出如下假设：

H13：感知移情性正向影响用户对政务新媒体的满意。

H14：感知移情性正向影响用户对政务新媒体的信任。

H15：感知移情性正向影响用户对政务新媒体的感知价值。

6.期望确认

期望确认因素是指用户在使用系统前对系统的预期和实际使用效果之间的认知落差。[⑤]在信息系统持续使用模型中，期望确认已被证明会影响用户的行为意向，因此本书选取这个因素作为研究变量。在本书中，期望确认是指用户在使用政务新媒体平台过程中对其的期望与使用之后的实际感受之间的一致性程度。新媒体平台作为网络平台，

① 赵生辉. 政府电子化公共服务需求分析模型构建研究［D］. 成都：电子科技大学，2007.
② 陈逸东. 上海市区级移动政务App服务质量评价研究：以虹口区为例［D］. 上海：华东师范大学，2021.
③ 霍明奎，吕智悦. 县级政务微信平台信息服务质量评价体系设计与应用研究：以吉林省为例［J］. 情报探索，2021（2）：74-81.
④ 姚鹏. 政务新媒体绩效评估研究［D］. 武汉：武汉大学，2017.
⑤ BHATTACHERJEE, A. Understanding information systems continuance: an expectation-confirmation model［J］. MIS Quarterly, 2001, 25（3）：351-370.

提供的服务能满足用户的预先期望，能切实解决用户面临的疑问和难题（如给用户在工作、学习、生活中带来一定收益，所发布的优质信息内容等方面能够激发用户精神层面的情感），能让用户产生认同感和归属感（如引发情感共鸣、激发思想共振等），那么由使用政务新媒体所带来的愉快经历会提升用户的满意度，用户将有可能会持续关注政务新媒体。已有研究指出，用户的期望确认程度与用户的满意度、感知价值、信任等方面存在正相关关系，且这一观点已经在信息系统、社会化媒体网站等多种信息系统中得到了验证。包韫慧等的研究指出政务抖音号用户的期望确认满足程度与用户的行为意向有正向关系。[①] 龚莎莎的研究指出电子政务平台上公众期望与感知价值存在正向相关关系。[②] 李志刚等的研究指出公众对电子政务信息服务的公众期望与感知价值具有显著的正向关系。[③] 胡雨驰的研究发现绩效期望正向影响政务短视频公众的使用意愿。[④] 综上，本书提出如下假设：

H16：期望确认正向影响用户对政务新媒体的满意。

H17：期望确认正向影响用户对政务新媒体的信任。

H18：期望确认正向影响用户对政务新媒体的感知价值。

7.满意

满意因素反映了用户对服务满足自身需求程度的总体态度。在使用政务新媒体服务过程中，用户满意是所期望的绩效与实践感知绩效进行比较的结果。持续关注行为是指用户应用系统软件、媒体或对信息平台的使用过程是从初期采纳、使用过渡到持续使用的发展状

---

① 包韫慧，何静，付海燕. 政务抖音号用户使用意愿的影响因素研究 [J]. 中国新闻传播研究，2021（1）：126–145.
② 龚莎莎. 电子政务公众满意度模型构建及测评研究 [D]. 成都：电子科技大学，2009.
③ 李志刚，徐婷. 电子政务信息服务质量公众满意度模型及实证研究 [J]. 电子政务，2017（9）：119–127.
④ 胡雨驰. 基于UTAUT模型的政务短视频公众使用意愿研究 [J]. 新媒体研究，2022，8（6）：34–39；49.

态[①]。用户的持续关注行为受到外在服务属性及自身内在属性的双重影响，政务新媒体外在服务属性与其服务能力与服务质量相关，用户自身内在属性与其使用动机、使用满足等方面相关。使用与满足理论强调以用户为中心来识别用户媒介使用行为的动机，指出用户基于特定的动机主动使用各种媒介并从中得到满足。随着"互联网+政务"时代的来临，要促使政务新媒体平台健康发展，必须重视用户的使用体验和持续使用意愿。不少学者发现用户的持续使用意愿与用户的满意度呈正相关的关系，用户的满意度与持续参与意向之间的关系已经在信息系统、社会化媒体网站等多种信息系统中得到了验证。Lin 等人的研究证实了用户对网站满意度对其持续使用意愿产生积极的影响。[②]Hariguna 等的研究结果表明政府机构利用社会化媒体的信息传播活动对公众满意度有显著影响，最终影响公众参与意愿。[③]田晓旭等的研究指出用户在使用政务短视频过程中感受到的满意程度越高，越会促使用户产生持续参与意向。[④]王法硕等指出用户对政务服务App的满意度显著影响其持续使用意愿。[⑤]综上，本书提出如下假设：

H19：用户满意对持续关注政务新媒体具有正向的影响。

8.信任

政府利用网络与社会公众之间形成相互了解、相互支持、相互信任的互动状态，会拉近政府机构与公众之间的距离，为政府在开展公共关系工作中顺利行使职能扫除障碍。互联网的发展带来了政治生态

① 张大权，朱泓飞，孙笑. 基于扎根理论的高校新媒体平台信息用户持续关注行为影响因素分析 [J]. 情报科学，2021（3）：113-119.
② LIN H F. Effects of extrinsic and intrinsic motivation on employee knowledge sharing intentions [J]. Journal of Information Science，2007，33（2）：135-149.
③ HARIGUNA T, RAHARDJA U, AINI Q, et al. Effect of social media activities to determinants public participate intention of E-government [J]. Procedia Computer Science，2019，161：233-241.
④ 田晓旭，毕新华，杨一毫，等. 政务短视频用户持续参与的影响因素研究 [J]. 情报杂志，2022，41（4）：144-151；172.
⑤ 王法硕，丁海恩. 移动政务公众持续使用意愿研究：以政务服务App为例 [J]. 电子政务，2019（12）：65-74.

的改变，在政府公共关系的建设管理过程中进行适应性调适，把握和适应社会结构与网民需求的变化，有助于增强政府公信力的建设[①]。刘伯凡等指出政务新媒体的应用可以影响民众对政府的信任水平。[②] Klein 等指出社会化媒体的使用会影响人们对政府的信任。[③] Khan 等指出要更好地利用政务社会化媒体服务、挖掘社会化媒体的潜在价值，就需要解决民众参与政务媒体中的接受度和信任度问题。[④] Porumbescu 等指出公众更多地关注政府社会化媒体账户与政府公信力感知正相关。[⑤] Wang 等的研究指出政务小程序可以有效促进公民对政府的信任。[⑥] 综上，本书提出如下假设：

H20：用户信任对持续关注政务新媒体具有正向的影响。

9.感知价值

感知价值因素的研究起源于营销学领域。1988 年，Zaithanml 首先提出了顾客感知价值理论，认为消费者基于感知所得和所失进行产品效用的整体性评估。顾客感知价值是顾客对所购买商品或服务的性能、属性和使用效果对其目标和意图达成程度的偏好与评价。从服务的视角来看，感知价值是一种与情景有关的消费者感知，是企业和消费者服务接触过程中资源整合的结果。本书聚焦于与政务新媒体这一情景有关的用户感知价值。随着社会的发展，传统的公共服务模式无法满足公众需求或满足公众需求的成本过高，王伟玲的研究指出数字

---

① 褚松燕. 再论互联网时代的政府公信力建设 [J]. 上海行政学院学报，2018 (1)：45-52.

② 刘伯凡，赵玉兰，梁平汉，等. 政务新媒体与地方政府信任：来自开通政务微博的证据 [J]. 世界经济，2023，46 (5)：177-200.

③ KLEIN E, ROBISON J. Like, post, and distrust? How social media use affects trust in government [J]. Political Communication, 2020, 37 (1): 46-64.

④ KHAN S, RAHIM N Z A, MAAROP N. A review on antecedents of citizen's trust in government social media services [J]. 3c Tecnología, 2019, 7 (1): 109-120.

⑤ PORUMBESCU G A. Comparing the effects of E-government and social media use on trust in government: evidence from Seoul, South Korea [J]. Public Management Review, 2016, 18 (9): 1308-1334.

⑥ WANG G, CHEN Q, XU Z Y, et al. Can the use of government Apps shape citizen compliance? The mediating role of different perceptions of government [J]. Computers in Human Behavior, 2020, 108: 106335.

政府产品感知价值是政府通过其门户网站向公众提供产品和服务，公众对此的感知程度，是对数字政府服务效益的全面考察①，是公众需要政府提供数字化方式来满足其诉求的一种心理状态，主要表现为公众对获取新型公共服务的要求和欲望。

感知价值强调用户对其所获利益与产品或服务成本之间差异的总体性评价。本书的感知价值特指用户对其使用政务新媒体平台的收益与成本之间差异的总体性评价。持续使用意愿的核心是关系维持的意愿。Davis认为感知价值引致持续使用意愿。②童清艳的研究指出用户对短视频平台的感知信息价值正向影响用户的使用意愿。③综上，本书提出如下假设：

H21：用户感知价值对持续关注政务新媒体具有正向的影响。

在对上述影响因素深入分析的基础上，形成了本书的研究模型（如图3-1所示）。本书的研究假设见表3-1。

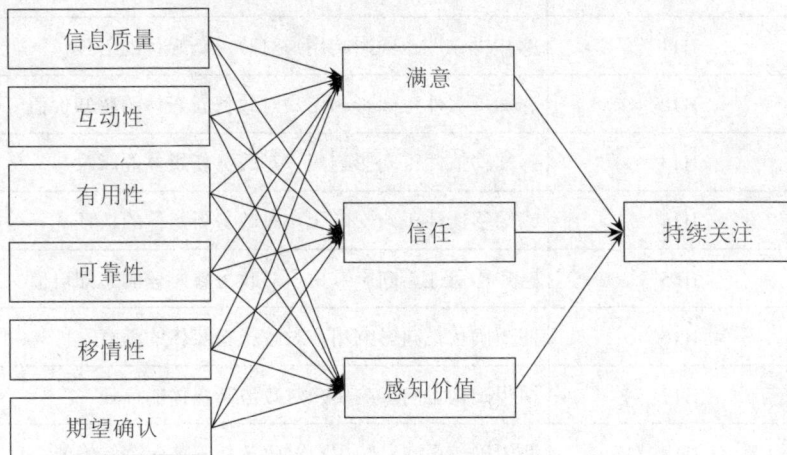

图3-1　研究模型

① 王伟玲. 中国数字政府绩效评估：理论与实践 [J]. 电子政务，2022（4）：51-63.
② DAVIS F D. Perceived usefulness, perceived ease of use, and user acceptance of information technology [J]. MIS Quarterly, 1989（13）: 319-340.
③ 童清艳，赵倩蓓. 短视频用户持续使用意愿影响因素研究：以李子柒系列短视频用户为例 [J]. 新闻与写作，2021（5）：54-61.

表 3-1 **本书的研究假设**

假设	内容
H1	感知信息质量正向影响用户对政务新媒体的满意
H2	感知信息质量正向影响用户对政务新媒体的信任
H3	感知信息质量正向影响用户对政务新媒体的感知价值
H4	感知互动性正向影响用户对政务新媒体的满意
H5	感知互动性正向影响用户对政务新媒体的信任
H6	感知互动性正向影响用户对政务新媒体的感知价值
H7	感知有用性正向影响用户对政务新媒体的满意
H8	感知有用性正向影响用户对政务新媒体的信任
H9	感知有用性正向影响用户对政务新媒体的感知价值
H10	感知可靠性正向影响用户对政务新媒体的满意
H11	感知可靠性正向影响用户对政务新媒体的信任
H12	感知可靠性正向影响用户对政务新媒体的感知价值
H13	感知移情性正向影响用户对政务新媒体的满意
H14	感知移情性正向影响用户对政务新媒体的信任
H15	感知移情性正向影响用户对政务新媒体的感知价值
H16	期望确认正向影响用户对政务新媒体的满意
H17	期望确认正向影响用户对政务新媒体的信任
H18	期望确认正向影响用户对政务新媒体的感知价值
H19	用户满意对持续关注政务新媒体具有正向的影响
H20	用户信任对持续关注政务新媒体具有正向的影响
H21	用户感知价值对持续关注政务新媒体具有正向的影响

3.3 本章小结

　　本章主要对政务新媒体用户的特性、研究模型的建立、研究假设的提出进行了阐述。在政务新媒体用户的特性部分，本章分析了新媒体用户广泛性、主动参与性、讨论性、双向互动、自主性意识不断提升和个性化的特征。在研究模型的建立和研究假设的提出部分，主要从信息质量和服务质量两个角度切入，分析了信息质量、互动性、有用性、可靠性、移情性、期望确认等因素对满意、信任和感知价值的影响，以及满意、信任和感知价值对用户持续关注政务新媒体的影响；在上述分析的基础上提出了本书的所有假设。

4

政务新媒体服务对用户的影响实证研究

本章主要围绕研究模型的检验和分析展开论述。本章的内容主要分为五个部分：第一部分介绍了本书采用的分析技术和分析工具；第二部分从信度分析和效度分析两方面对研究模型进行了检验，根据检验结果形成初始研究模型；第三部分采用结构方程软件 AMOS24.0 对测量模型和结构模型进行了识别；第四部分根据模型识别结果进行模型的修正，形成了修正的最终模型；第五部分对实证研究结果进行了讨论。

4.1 问卷量表设计

本章在尽可能采用国内外文献已使用过的量表基础上进行适当修正，然后据此设计出本书的问卷调查表，以最大限度地确保测量结果的信度和效度。问卷调查表的主体部分由两部分组成，第一部分用来收集参与问卷的调查者基本情况，主要包括被调查者的性别、年龄、受教育程度、政务新媒体使用行为（使用频率、使用偏好），据此可以了解用户的特征、喜好及行为；第二部分用来收集政务新媒体对用户的影响形成的问卷题项。本书基于国内外相关研究的成熟量表，在充分考虑政务新媒体的特性并进行适用性修改后，形成了以信息质量、互动性、有用性等为观察变量的量表，这部分的问卷题项在答案设计上采用李克特五度量表，按照"完全不认同""不太认同""不能确定""基本认同""完全认同"分别赋予 1、2、3、4、5 分，要求调查对象根据各项问题表明态度，采用 1~5 分进行评分，共计 45 个问项。通过上述两部分问项的设计形成了本书的预调查问卷。本书在正式开始问卷调查前，首先利用预调查问卷对量表进行预测试。预测试问卷的作用是模拟真实的问卷收集过程，通过与受访者的沟通，了解预调查问卷量表设计是否存在不恰当、不准确等问题，以提升正式调查问卷量表的可行性、可靠性。预调查问卷量表见表4-1。

表4-1 预调查问卷量表

变量	内容
信息质量（XZ）	XZ1 政务新媒体内容丰富 XZ2 政务新媒体平台能够提供及时的信息报道 XZ3 政务新媒体平台能够提供新闻、政策热点信息 XZ4 政务新媒体上的信息内容经常更新 XZ5 政务新媒体平台能够提供多种媒体类型的内容 XZ6 政务新媒体平台发布的信息内容有趣
互动性（HD）	HD1 政务新媒体提供了用户参与的渠道 HD2 政务新媒体给予用户反馈意见的机会 HD3 我对政务新媒体平台的交互功能体验良好 HD4 政务新媒体平台会和我进行互动反馈 HD5 我愿意参与政务新媒体的互动活动 HD6 政务新媒体平台能快速给予回应
有用性（YY）	YY1 我认为政务新媒体平台提供的信息有用 YY2 政务新媒体界面简洁 YY3 政务新媒体平台功能友好易于操作 YY4 政务新媒体发布的信息能进行详细解读 YY5 政务新媒体服务易获取 YY6 政务新媒体能解决我的实际问题
可靠性（KK）	KK1 政务新媒体运营管理规范 KK2 政务新媒体平台运行水平高 KK3 政务新媒体能提供相应的政务服务 KK4 政务新媒体能提供正确的舆论引导 KK5 政务新媒体能提供权威可靠的信息
移情性（YQ）	YQ1 政务新媒体能提供多元化的服务 YQ2 政务新媒体平台有助于满足我的个性化需求 YQ3 政务新媒体平台能为用户提供安全保障 YQ4 政务新媒体平台能保护用户隐私

续表

变量	内容
期望确认（QW）	QW1 政务新媒体平台能切实解决我面临的疑问和难题 QW2 我使用政务新媒体的体验要比我预想的好 QW3 政务新媒体平台让我产生认同感与归属感 QW4 使用政务新媒体平台给我带来一定收益
满意（MY）	MY1 政务新媒体服务不断改进 MY2 使用政务新媒体平台能给我带来愉快的经历 MY3 我对政务新媒体平台满意 MY4 我喜欢使用政务新媒体平台
信任（XR）	XR1 我信任政务新媒体平台 XR2 政务新媒体的管理人员可信赖 XR3 政务新媒体的使用有助于政府机构的公信力 XR4 我支持政务新媒体提供的服务
感知价值（JZ）	JZ1 使用政务新媒体平台能节约我的时间成本 JZ2 政务新媒体提供了方便、快捷的服务 JZ3 使用政务新媒体平台具有低成本性
持续关注（CG）	CG1 我愿意转发或分享政务新媒体上的信息 CG2 我愿意持续关注政务新媒体的发展 CG3 我愿意推荐他人使用政务新媒体平台

　　本书选择了20名关注过政务新媒体，经常使用政务新媒体的朋友、大学生进行了预调查，根据收集到的20份有效问卷的反馈情况，对预调查问卷的文字表述等方面进行修正，主要修正工作包括：信息质量量表中的"政务新媒体平台发布的信息内容有趣"改为"政务新媒体平台提供的信息内容轻松有趣"，移情性量表中的"政务新媒体平台有助于满足我的个性化需求"改为"政务新媒体平台能提供个性化服务"，期望确认表中的"使用政务新媒体平台给我带来一定收益"改为"使用政务新媒体平台能达到我的期望"，这些修改可以让被调查者更好地理解问卷题项的含义。经过上述修改，最后形成了本书的正式调查问卷。

4.2 研究实验的开展

本书主要研究政务新媒体的服务质量，采用结构方程模型对研究模型中的假设进行假设验证和数据分析。获取调查数据的实验方法是，在被调查者填写本书的调查问卷之前，首先与被调查者沟通本书的相关研究背景，询问被调查者是否有关注、访问或下载过政务新媒体平台的经历，如果被调查者没有相关经历则终止参与问卷调查活动，然后要求有过相关经历的被调查者填写调查问卷。通过纸质问卷的形式进行调查。正式调查问卷量表见表4-2。

表4-2 　　　　　　　　　　**正式调查问卷量表**

变量	内容	来源
信息质量 （XZ）	XZ1 政务新媒体内容丰富 XZ2 政务新媒体平台能够提供及时的信息报道 XZ3 政务新媒体平台能够提供新闻、政策热点信息 XZ4 政务新媒体上的信息内容经常更新 XZ5 政务新媒体平台能够提供多种媒体类型的内容 XZ6 政务新媒体平台提供的信息内容轻松有趣	朱红灿等 （2019）
互动性 （HD）	HD1 政务新媒体提供了用户参与的渠道 HD2 政务新媒体给予用户反馈意见的机会 HD3 我对政务新媒体平台的交互功能体验良好 HD4 政务新媒体平台会和我进行互动反馈 HD5 我愿意参与政务新媒体的互动活动 HD6 政务新媒体平台能快速给予回应	Yang等 （2018）

续表

变量	内容	来源
有用性 （YY）	YY1 我认为政务新媒体平台提供的信息有用 YY2 政务新媒体界面简洁 YY3 政务新媒体平台功能友好易于操作 YY4 政务新媒体发布的信息能进行详细解读 YY5 政务新媒体服务易获取 YY6 政务新媒体能解决我的实际问题	Davis（1989）， 陈明红（2020）
可靠性 （KK）	KK1 政务新媒体运营管理规范 KK2 政务新媒体平台运行水平高 KK3 政务新媒体能提供相应的政务服务 KK4 政务新媒体能提供正确的舆论引导 KK5 政务新媒体能提供权威可靠的信息	张晓娟（2017）
移情性 （YQ）	YQ1 政务新媒体能提供多元化的服务 YQ2 政务新媒体平台能提供个性化服务 YQ3 政务新媒体平台能为用户提供安全保障 YQ4 政务新媒体平台能保护用户隐私	Parasurama 等 （1988）
期望确认 （QW）	QW1 政务新媒体平台能切实解决我面临的疑问和难题 QW2 我使用政务新媒体的体验要比我预想的好 QW3 政务新媒体平台让我产生认同感与归属感 QW4 使用政务新媒体平台能达到我的期望	Bhattacherjee （2001）
满意 （MY）	MY1 政务新媒体服务不断改进 MY2 使用政务新媒体平台能给我带来愉快的经历 MY3 我对政务新媒体平台满意 MY4 我喜欢使用政务新媒体平台	李志刚 等 （2017）

变量	内容	来源
信任 （XR）	XR1 我信任政务新媒体平台 XR2 政务新媒体的管理人员可信赖 XR3 政务新媒体的使用有助于政府机构的公信力 XR4 我支持政务新媒体提供的服务	Wang etc （2020）， Li etc（2020）
感知价值 （JZ）	JZ1 使用政务新媒体平台能节约我的时间成本 JZ2 政务新媒体提供了方便、快捷的服务 JZ3 使用政务新媒体平台具有低成本性	Karjaluoto 等 （2019）
持续关注 （CG）	CG1 我愿意转发或分享政务新媒体上的信息 CG2 我愿意持续关注政务新媒体的发展 CG3 我愿意推荐他人使用政务新媒体平台	Bhattacherjee （2001）

本次调查共发放纸质问卷300份，回收问卷267份。在回收问卷中，需要剔除无效问卷。无效问卷的判定标准是：第一，问卷题项的回答缺失较多；第二，问卷填写不认真，题项答案选择的是同一项或有规律性；第三，雷同问卷。对回收上来的所有问卷进行复核，剔除无效问卷后，最终共计回收有效问卷241份，问卷回收有效率为80.3%。

1.调查对象信息描述性统计

调查对象信息描述性统计见表4-3。从调查对象的性别分布来看，男性有124人，占总数的51.45%，女性有117人，占总数的48.55%；从调查对象的年龄分布来看，18~30岁的人数有81人，占比33.61%，31~40岁的人数有103人，占比42.74%，41岁及以上有57人，占比23.65%；从调查对象的受教育程度来看，本科以下有13人，占比5.39%，本科有180人，占比74.69%，硕士及以上有48人，占比19.92%，受访者整体受教育水平较高。

表4-3   调查对象信息描述性统计

用户特性		人数（人）	占比（%）
性别	男性	124	51.45
	女性	117	48.55
年龄	18~30岁	81	33.61
	31~40岁	103	42.74
	41岁及以上	57	23.65
受教育程度	本科以下	13	5.39
	本科	180	74.69
	硕士及以上	48	19.92

2.调查对象政务新媒体使用行为统计

对调查对象政务新媒体使用行为的统计，主要围绕被调查者政务新媒体访问频率、关注政务新媒体的数量和关注政务新媒体的时间进行统计，统计结果见表4-4。

表4-4   调查对象政务新媒体使用行为统计

统计变量	分类依据	人数（人）	占比（%）
政务新媒体访问频率	<5次/天	120	49.79
	6~9次/天	91	37.76
	10次及以上/天	30	12.45
关注政务新媒体的数量	1~5个	26	10.79
	6~10个	88	36.51
	11~15个	69	28.63
	16个及以上	58	24.07

统计变量	分类依据	人数（人）	占比（%）
关注政务新媒体的时间	1年以内	12	4.98
	1~2年	45	18.67
	2~3年	73	30.29
	3年以上	111	46.06

从调查对象政务新媒体访问频率来看，每天访问5次以下的有120人，占比49.79%，每天访问6~9次的用户有91人，占比37.76%，每天访问10次及以上的用户有30人，占比12.45%。从调查对象关注政务新媒体的数量来看，1~5个的有26人，占比10.79%，6~10个有88人，占比36.51%，11~15个有69人，占比28.63%，16个及以上有58人，占比24.07%。从调查对象关注政务新媒体的时间来看，1年以内有12人，占比4.98%，1~2年有45人，占比18.67%，2~3年有73人，占比30.29%，3年以上有111人，占比46.06%。这表明大部分调查对象有着一定频率的政务新媒体访问习惯，关注1~5个政务新媒体的用户数量较少，统计结果符合本书调查研究样本的出发点，结构基本合理。

4.3　数据分析

4.3.1　分析技术与研究工具介绍

本书采用结构方程模型（Structural Equation Model，简称SEM）对所建立的研究模型和假设进行验证和分析，通过结构模型来探讨变量间的因果关系。结构方程模型是一种常用的社会经济统计分析技术，是从综合因素分析、回归分析与路径分析逐步发展而来的统计方法，是建立、估计和检验因果关系模型的方法，已经普遍应用于管理科学、社会科学、统计学、经济学、心理学等多种学科和社会调查领域。结构方程模型可以替代因子分析、多元回归分析、协方差分析、路径分析等方法，分析单项指标之间的相互关系和单项指标对总体的作用。与传统分析方法相比，结构方程模型除了可以解释变量之间的共变关系，还能解释模型中变量尽可能多的变异。

结构方程模型是基于变量的协方差矩阵来分析变量之间关系的一种统计方法，因此也称为协方差结构分析，是多元数据分析的重要工具。结构方程模型是一种能够把样本数据间复杂的因果联系用相应的模型方程表现出来并加以测量、进行分析的计量技术。许多社会科学研究中所涉及的研究对象或变量都不能准确、直接地测量，这些变量称为潜在变量，结构方程模型可以针对潜在变量的数据模型进行估计。结构方程模型常用于验证性因子分析、路径分析、高阶因子分析、多时段设计、单形模型及因果分析等。将结构方程模型纳入计量经济学的联立方程式，可同时处理多个因变量，容许自变量和因变量包含测量误差。结构方程模型常用的分析软件有 LISREL、AMOS、EQS、MPlus。

结构方程模型包括两个模型，分别为测量模型和结构模型，测量模型由潜在变量、观察变量以及测量误差项组成，主要表示潜在变量与观察变量的共变效果。观察变量又称为指标变量，是可以由量表或测量工具所得的数据。结构模型主要利用路径分析方法建立系统中假设的潜在变量之间的关系，即两种潜变量——内因潜在变量和外因潜变量之间存在的因果关系。

对测量模型的检验，本书采用验证性因子分析的方法来对理论模型的信度和效度进行检验。结构方程模型建模过程通常包括四个主要步骤：

1.模型建构

结构方程模型是一种验证性的分析方法，通常需要有理论或者经验法则的支持，根据理论才能构建假设的模型图。首先，确立研究问题和研究目的，然后，根据对理论文献的查阅或对已有相关研究成果的分析来形成初始理论假设模型，建立模型的目的是证明可能潜在的因果关系或相关关系。模型建构的结果是形成概念化的结构模型和概念化的测量模型，确定潜在变量和观察变量。结构模型概念化主要是指设置各个潜在变量间的相互关系，表现为潜在变量间的因果关系界定。测量模型的概念化主要指对潜在变量的定义和测量，潜在变量由观察变量反映其特质[①]。

2.模型拟合

在构建模型图之后，检验模型的拟合度，观察模型是否可用，同时还需要检验各个路径是否达到显著，以确定外因潜在变量对内因潜在变量的影响是否显著。模型拟合主要工作包括参数估计和模型识别[②]。结构方程模型的估计逻辑不同于回归分析方法，它的目标不是尽可能地缩小预测值与观测值之间的差异，而是要尽可能地缩小观测的方差/协方差矩阵（基于样本数据）与预测的方差协方差矩阵（由模型推导预测）之间的差异。在AMOS结构方程软件中模型参数估计方法有五种：极大似然法、一般化最小平方法、未加权最小平方法、尺度自由最小平方法和渐进分布自由法。最广泛使用的结构方程模型估计方法是极大似然法和广义最小二乘法。

在选择参数估计法之后要进行模型识别，只有在模型可识别情况

---

① 林嵩，姜彦福. 结构方程模型理论及其在管理研究中的应用 [J]. 科学学与科学技术管理，2006（2）：38-41.
② 吴明隆. 结构方程模型：AMOS 的操作与应用 [M]. 重庆：重庆大学出版社，2010：35-70.

下才能进行模型拟合。模型识别的法则有 t 法则、两步法则、零 β 法则和递归法则等。模型识别要解决的问题是假设模型中设定的每一个未知参数（即自由参数）是否可以基于观察数据求出唯一解。如果模型不可识别，那就意味着模型中的所有参数都无法被估计。

3.模型评估和检验

对模型的估计主要指模型适配度的评估，以判断研究者提出的假设模型是否能够用来描述实际观察到的变量关系。需要参照不同的适配度指标来综合判断。模型的适配评价要考虑整体适配度评估、测量模型评估、结构模型评估和统计检验力评估。以模型评估对测量模型和结构模型的质量评估的结果，对参数支撑的概念化模型和理论假设进行验证。

4.模型修正

如果模型拟合度不理想，模型不符合观测数据，就需要对模型进行调整修正，然后再用同一观测数据重新估计和检验。一个好的模型应满足以下几个条件：①测量模型中的因子载荷和因果模型中的结构系数的估计值都有实际意义和统计学意义；②模型的几种主要拟合指数达到了一般要求；③测量模型和因果模型中主要方程的决定系数 R 应足够大；④所有的标准拟合残差都小于 1.96。

4.3.2 模型检验

在结构方程建模过程中对研究模型进行验证可以分为两个阶段，首先，验证测量模型，然后，利用结构模型来检验研究假设。本书采用验证性因子分析方法对研究模型进行验证。验证性因子分析方法是以特定的理论观点或概念架构为基础来确认、评估该观点所导出的计量模型是否恰当、合理。具体来说，首先要建立理论架构，形成假设的测量变量与因素之间的假设关系，然后采用验证性因子分析的方法来检验因素结构的契合度、指标变量间的随机测量误差、指标变量的信度与效度。本书中模型检验的内容包括信度分析和效度分析。本书采用 AMOS 结构方程软件对研究中提出的模型进行整体模型适配度检验。

1.信度分析

信度分析主要是对问卷设计的综合评价体系是否具有一定的一致性、稳定性和可靠性进行评估。常用信度分析方法有重测信度，分半信度和内部一致性信度。本书采用内部一致性信度来衡量问卷的信度。内部一致性信度采用 Cronbach's α 系数（克朗巴哈系数）来对变量进行检验。在 SPSS 软件中对信息质量、互动性、有用性、可靠性、移情性、期望确认等潜在变量进行运算后得出的信度分析结果见表4-5。

表4-5 变量信度分析结果

潜在变量	编号	Cronbach's α 分量表的组合信度	因子载荷	AVE	整体量表组合信度
信息质量（XZ）	XZ1		0.751		
	XZ2		0.739		
	XZ3	0.811	0.804	0.62	
	XZ4		0.782		
	XZ5		0.724		
	XZ6		0.623		0.816
互动性（HD）	HD1		0.771		
	HD2		0.801		
	HD3	0.723	0.774	0.66	
	HD4		0.807		
	HD5		0.708		
	HD6		0.731		

续表

潜在变量	编号	Cronbach's α 分量表的组合信度	因子载荷	AVE	整体量表组合信度
有用性（YY）	YY1		0.795		
	YY2		0.819		
	YY3	0.831	0.793	0.59	
	YY4		0.783		
	YY5		0.721		
	YY6		0.743		
可靠性（KK）	KK1		0.808		
	KK2		0.726		
	KK3	0.817	0.776	0.66	
	KK4		0.715		
	KK5		0.717		
移情性（YQ）	YQ1		0.803		
	YQ2	0.813	0.815	0.57	0.816
	YQ3		0.782		
	YQ4		0.717		
期望确认（QW）	QW1		0.807		
	QW2	0.806	0.781	0.51	
	QW3		0.817		
	QW4		0.816		
满意（MY）	MY1		0.798		
	MY2	0.765	0.834	0.63	
	MY3		0.809		
	MY4		0.746		
信任（XR）	XR1		0.738		
	XR2	0.812	0.805	0.56	
	XR3		0.825		
	XR4		0.752		

续表

潜在变量	编号	Cronbach's α 分量表的组合信度	因子载荷	AVE	整体量表组合信度
感知价值（JZ）	JZ1	0.803	0.822	0.57	0.816
	JZ2		0.809		
	JZ3		0.737		
持续关注（CG）	CG1	0.808	0.767	0.54	
	CG2		0.801		
	CG3		0.812		

Cronbach's α 系数是克朗巴哈于 1951 年创立的，用于评价问卷的内部一致性。内在信度高意味着一组评估项目的一致程度高，相应的评估项目有意义，所得评估结果可信。Cronbach's α 系数取值在 0 到 1 之间。一般而言，如果 Cronbach's α 系数大于 0.9，反映出量表的内在信度很高；如果 Cronbach's α 系数大于 0.7，小于 0.9，则量表的内在一致性较好；如果 Cronbach's α 系数小于 0.7，则量表设计存在很大的问题，应考虑重新设计。因此，α 系数的信度基准是 0.7，即当 Cronbach's α 系数大于等于 0.7 时，量表的信度可接受，问卷可靠，且 Cronbach's α 系数越大，信度越高。

从表 4-5 中可见，测量模型中潜在变量的 AVE（平均方差抽取量）在 0.51 至 0.66 之间，各分量表（潜在变量）的组合信度 Cronbach's α 系数均高于 0.7，整体量表组合信度为 0.816，因此量表通过了信度检验，研究量表各个问项的内部一致性良好，可以使用。

2.效度分析

效度分析是对问卷量表题项有效性和正确性的检验，即问卷能够准确测量出所需测量的内容的程度。结构方程模型的效度分析分为内容效度分析和结构效度分析。

　　内容效度分析是指评估问卷所涉及的内容能够达到研究目的所要求达到的各个方面和领域的程度。内容效度属于主观指标，通常由专业人士进行主观评价。本书为了满足问卷量表内容效度的要求，在问卷编制过程中，搜集和阅读了相关研究主题的中外文献资料，基于问卷的设计要求，根据研究目的，在借鉴已有研究相关量表的基础上，修改和扩充了设计问卷选项，然后请相关领域的专家对问卷量表题项设置是否合理、量表条目与其所属领域是否相关等方面进行了内容效度的评定，根据他们的意见和建议进行了修改、完善并形成初始问卷量表。之后，又选取了 20 名调查者进行量表的初步测试，最终形成了原始量表。

　　结构效度分析用来衡量问卷的结构是否符合理论构想和框架，即检验量表能否真实度量出所要度量的变量的情况。结构效度主要分为区分效度和收敛效度两种。

　　区分效度是指量表所代表的建构能区分与其他建构不存在相关性。本书采用 Fornell 等[①]提出的判断区分效度的方法。区分效度由因子的 AVE 的均方根进行测量，当各变量的 AVE 均方根明显大于该变量与其他变量的相关系数时，说明其有着较好的区分效度。本书中各变量的相关系数矩阵与 AVE 均方根见表 4-6。从该表可以看出，各变量 AVE 的均方根值都大于该变量与其他变量的相关系数，表明量表具有较好的区分效度。

表 4-6　　　　　　　　各变量的相关系数矩阵与 AVE 均方根

变量	XZ	HD	YY	KK	YQ	QW	MY	XR	JZ	CG
XZ	0.79									
HD	0.43	0.81								

----

　　① FORNELL C，LARCKER D F. Evaluating structural equation models with unobservable variables and measurement error [J]. Journal of Marketing Research，1981，(1)：39-50.

续表

变量	XZ	HD	YY	KK	YQ	QW	MY	XR	JZ	CG
YY	0.36	0.28	0.77							
KK	0.22	0.37	0.38	0.81						
YQ	0.33	0.41	0.39	0.46	0.75					
QW	0.27	0.34	0.44	0.27	0.33	0.71				
MY	0.26	0.43	0.42	0.35	0.34	0.32	0.79			
XR	0.41	0.22	0.39	0.41	0.32	0.39	0.32	0.75		
JZ	0.32	0.33	0.31	0.37	0.31	0.36	0.35	0.38	0.73	
CG	0.22	0.45	0.41	0.43	0.23	0.37	0.26	0.35	0.39	0.74

收敛效度又称为聚合效度，是指测量同一变量的测量项会落在同一个因素构面上，强调本应该在同一因子下的测量项，确实在同一因子下，即一个变量的测量题项之间具有高度的相关。表4-7表示对各分量表的验证性因素的回归参数估计值。从表4-7中的结果可以看出，模型各分量表的验证性因素的因子载荷均介于0.50至0.95之间，大部分因子载荷值均大于0.7。潜在变量对观察变量回归系数的临界比（C.R.）均大于1.96，标准误（S.E.）均大于零，说明观察变量对潜在变量的解释能力基本符合要求，分量表中变量的收敛效度基本符合要求。

表4-7　　　　　分量表验证性因素的回归参数估计值

潜在变量对观察变量	Estimate	标准化回归系数 Regression Weights	S.E.	C.R.	P
XZ→XZ1	1	0.819	—	—	—
XZ→XZ2	0.912	0.826	0.087	10.479	***
XZ→XZ3	0.857	0.876	0.078	10.868	***
XZ→XZ4	0.793	0.837	0.112	7.093	***

潜在变量对观察变量	Estimate	标准化回归系数 Regression Weights	S.E.	C.R.	P
XZ→XZ5	0.826	0.758	0.110	7.619	***
XZ→XZ6	0.873	0.827	0.086	10.451	***
HD→HD1	1	0.841	—	—	—
HD→HD2	1.017	0.795	0.093	10.754	***
HD→HD3	0.928	0.842	0.089	10.412	***
HD→HD4	0.961	0.851	0.087	11.025	***
HD→HD5	1.042	0.671	0.102	10.236	***
HD→HD6	1.039	0.837	0.113	9.192	***
YY→YY1	1	0.846	—	—	—
YY→YY2	1.033	0.779	0.113	9.136	***
YY→YY3	1.031	0.859	0.102	10.104	***
YY→YY4	0.916	0.846	0.104	8.803	***
YY→YY5	0.982	0.875	0.107	9.168	***
YY→YY6	0.853	0.848	0.069	12.371	***
KK→KK1	1	0.870	—	—	—
KK→KK2	1.011	0.816	0.115	8.794	***
KK→KK3	1.009	0.765	0.097	10.403	***
KK→KK4	0.935	0.773	0.105	8.908	***
KK→KK5	0.926	0.794	0.085	10.895	***
YQ→YQ1	1	0.786	—	—	—
YQ→YQ2	1.008	0.892	0.092	10.947	***
YQ→YQ3	0.987	0.836	0.087	11.341	***
YQ→YQ4	0.965	0.828	0.107	9.017	***
QW→QW1	1	0.874	—	—	—
QW→QW2	0.996	0.842	0.108	9.202	***
QW→QW3	0.958	0.839	0.109	8.781	***

潜在变量对观察变量	Estimate	标准化回归系数 Regression Weights	S.E.	C.R.	P
QW→QW4	1.116	0.863	0.112	9.961	***
MY→MY1	1	0.844	—	—	—
MY→MY2	1.076	0.864	0.094	11.442	***
MY→MY3	1.059	0.775	0.096	11.031	***
MY→MY4	1.012	0.820	0.093	10.862	***
XR→XR1	1	0.805			***
XR→XR2	0.995	0.837	0.083	11.982	***
XR→XR3	1.006	0.835	0.093	10.815	***
XR→XR4	1.017	0.845	0.087	11.685	***
JZ→JZ1	1	0.791	—	—	***
JZ→JZ2	0.924	0.781	0.09	10.217	***
JZ→JZ3	0.941	0.827	0.086	10.846	***
CG→CG1	1	0.790	—	—	—
CG→CG2	0.849	0.717	0.082	10.336	***
CG→CG3	1.006	0.715	0.095	10.584	***

注:"***"表示显著性的概率值P<0.001.

对结构方程模型的收敛效度分析,可以通过检验各分量表表示的测量模型和整体量表的收敛效度指标进行。检验模型收敛效度的拟合指标主要有三类:绝对拟合指标、相对拟合指标和简约拟合指标。拟合指标可以检验模型和数据的拟合程度。绝对拟合指标表示模型拟合得到的方差和协方差能够解释数据资料的方差和协方差的程度。绝对拟合指标可以衡量理论模型与样本数据的拟合程度,它只基于理论模型本身。常用的绝对拟合指标有:卡方值(X^2)、卡方自由度比值(CMIN/DF)、GFI(拟合优度指数)、RMSEA(近似误差均方根)、AGFI(调整拟合优度指数)、RMR(残差均方和平方根)。相对拟合指标不依赖于其他模型或指标，通过借用一些可借鉴或者可比较的标准与自身进行比较，来检验模型拟合效果。常用的相对拟合指标有：NFI（规范拟合指数）、RFI（相对拟合指数）、IFI（增值拟合指数）。简约拟合指标主要是用于检验模型适配性与简约性的结合程度。常用的简约拟合指标包括PNFI（简约基准拟合指数）、PGFI（简约拟合优度指数）。

本书利用AMOS 24.0结构方程软件检验各分量表表示的测量模型的收敛效度，主要采用绝对拟合指标，包括测量模型的X^2、CMIN/DF、GFI、AGFI、RMSEA、RMR。这些绝对拟合指标的衡量标准分别为：X^2大于0.05；CMIN/DF介于1与3之间，GFI大于0.9，AGFI大于0.9，RMSEA小于0.05，RMR小于0.05（吴明隆，2010）。表4-8是各分量表表示的测量模型的收敛效度检验指标值，各项检验结果表明模型拟合良好，达到了模型适配的基本标准。

表4-8　　　　　　　　　　模型收敛效度的检验指标值

变量	X^2	CMIN/DF	GFI	AGFI	RMSEA	RMR
信息质量	9.196	2.299	0.902	0.936	0.019	0.016
互动性	8.874	2.219	0.932	0.904	0.017	0.023
有用性	7.459	1.492	0.917	0.922	0.015	0.017
可靠性	11.137	2.227	0.929	0.945	0.029	0.021
移情性	8.632	2.158	0.914	0.946	0.014	0.011
期望确认	7.627	1.271	0.906	0.903	0.022	0.035
满意	8.517	2.129	0.932	0.919	0.005	0.027
信任	9.217	2.304	0.918	0.937	0.024	0.007
感知价值	6.473	2.158	0.924	0.951	0.013	0.012
持续关注	5.569	2.785	0.941	0.939	0.006	0.009
整体量表	11.384	2.277	0.936	0.947	0.016	0.032

在模型量表的信度分析中，量表的Cronbach's α系数要满足大于0.7的信度标准，表示变量的信度可接受；当量表的信度值位于0.8到0.9的范围之内，表示变量信度属于高组合信度，即相同建构因子的组成项目是高度相关的，具有较高的内部一致性。因此，从信息质量量表选项中删除1个信度较低的题项，得到删除后信度较高的问卷题项构成。从模型的效度分析结果可以看出，大部分分量表中的潜在变量对观察变量的因子载荷介于0.5与0.95之间，但是互动量表中有1个因子载荷值较低，因此删除互动量表中的1个因子载荷值较低的观察变量，形成调整后的问卷题项（见表4-9）。

表4-9　　　　　　　　　　　　**调整后的问卷题项**

变量	原题项	现题项
信息质量（XZ）	XZ1	XZ1
	XZ2	XZ2
	XZ3	XZ3
	XZ4	XZ4
	XZ5	XZ5
	XZ6	—
互动性（HD）	HD1	HD1
	HD2	HD2
	HD3	HD3
	HD4	HD4
	HD5	—
	HD6	HD6

4.4　模型识别

对模型的信度校验和效度检验完成后，形成本书所建立的初始理论模型的结构方程模型——由潜在变量和观察变量构成。在结构方程中，潜在变量通常用来表示某种概念或理论，是指无法直接观察到的变量，也称为隐变量或构念变量。观察变量也称为显变量、指标变量、可测量变量，是可以直接被观察或直接测量获得的变量。在以量表问卷作为观察变量的测量中，量表中某个选项的得分作为观察变量的值。本书中的潜在变量是 XZ、HD、YY、KK、YQ、QW、MY、XR、JZ、CG，潜在变量所对应的观察变量见表4-10。

表4-10 潜在变量和所对应的观察变量

潜在变量	观察变量
信息质量（XZ）	XZ1, XZ2, XZ3, XZ4, XZ5
互动性（HD）	HD1, HD2, HD3, HD4, HD6
有用性（YY）	YY1, YY2, YY3, YY4, YY5, YY6
可靠性（KK）	KK1, KK2, KK3, KK4, KK5
移情性（YQ）	YQ1, YQ2, YQ3, YQ4
期望确认（QW）	QW1, QW2, QW3, QW4
满意（MY）	MY1, MY2, MY3, MY4
信任（XR）	XR1, XR2, XR3, XR4
感知价值（JZ）	JZ1, JZ2, JZ3
持续关注（CG）	CG1, CG2, CG3

4.4.1 数据正态分布检验

结构方程模型分析的基本假设是采集的样本数据要符合多变量正态分布，因此需对样本数据进行正态性检验。表4-11为模型构成的所有观察变量的正态性分布评估结果。在正态性分布下，偏度系数和峰度系数值应当接近0，且偏度系数和峰度系数的显著性系数达到0.05的显著性水平。表4-11显示了模型中每一个观察变量的最小值、最大值、偏度系数、偏度系数临界值、峰度系数、峰度系数临界值。单个变量偏度系数和峰度系数值在正常范围内，没有超出相应的临界值，对单个变量来说没有显示出严重的非正态分布。因此，本书问卷项目的数据可用于结构方程模型的分析要求。

表4-11　　　　　　　　　正态性分布评估结果

观察变量	最小值	最大值	偏度系数	偏度系数临界值	峰度系数	峰度系数临界值
XZ1	1	5	−0.673	−4.137	−0.273	−2.516
XZ2	1	5	−0.569	−6.691	−0.381	−3.485
XZ3	1	5	−0.625	−7.931	0.204	2.917
XZ4	1	5	−0.736	−6.226	−0.086	−4.175
XZ5	1	5	−0.692	−6.557	0.193	2.632
HD1	1	5	0.059	2.519	−0.847	−3.775
HD2	1	5	0.071	5.817	−0.762	−4.238
HD3	1	5	−0.743	−5.584	0.732	4.675
HD4	1	5	−0.428	−2.137	−0.374	−2.092
HD6	1	5	−0.614	−6.438	0.257	3.602
YY1	1	5	−0.579	−5.281	−0.863	−4.739
YY2	1	5	−0.672	−6.163	0.167	4.984
YY3	1	5	−0.427	−2.582	−0.563	−3.403
YY4	1	5	−0.745	−5.461	0.538	2.285
YY5	1	5	−0.458	−4.802	−0.548	−4.823
YY6	1	5	−0.385	−3.117	−0.324	−3.561
KK1	1	5	0.034	2.267	−0.764	−3.627
KK2	1	5	0.267	3.236	−0.401	−2.164
KK3	1	5	0.459	2.173	−0.177	−3.819
KK4	1	5	0.138	2.227	−0.305	−3.044
KK5	1	5	0.342	2.432	−0.286	−2.274

续表

观察变量	最小值	最大值	偏度系数	偏度系数临界值	峰度系数	峰度系数临界值
YQ1	1	5	−0.411	−2.695	−0.763	−5.307
YQ2	1	5	−0.621	−4.325	−0.069	−3.348
YQ3	1	5	−0.362	−3.681	−0.472	−3.975
YQ4	1	5	−0.352	−2.578	−0.683	−3.452
QW1	1	5	0.182	3.357	−0.835	−4.288
QW2	1	5	0.381	3.189	−0.756	−4.072
QW3	1	5	0.251	4.236	−0.872	−5.173
QW4	1	5	0.468	3.187	−0.736	−3.465
MY1	1	5	−0.701	−5.792	0.506	1.752
MY2	1	5	−0.672	−5.681	0.637	3.879
MY3	1	5	−0.691	−4.174	0.091	2.483
MY4	1	5	0.426	5.267	−0.795	−3.961
XR1	1	5	−0.391	−3.575	−0.213	−2.746
XR2	1	5	−0.637	−4.272	0.084	2.517
XR3	1	5	−0.486	−4.427	−0.394	−2.778
XR4	1	5	−0.447	−2.692	−0.326	−2.297
JZ1	1	5	−0.392	−5.371	−0.457	−3.812
JZ2	1	5	−0.312	−1.772	−0.639	−3.375
JZ3	1	5	−0.163	−2.813	−0.786	−3.811
CG1	1	5	−0.157	−2.856	−0.511	−2.589
CG2	1	5	−0.382	−4.729	−0.294	−4.286
CG3	1	5	−0.746	−6.147	−0.373	−2.261

4.4.2　模型适配度检验

适配度指标用于评价假设的路径分析模型与数据之间是否适配。Bogozzi和Yi（1988）认为，假设模型与数据是否契合，须同时考虑下列三个方面：基本适配度指标、整体模型适配度指标和模型内在结构适配度指标。结构方程模型基本适配的标准主要有：（1）没有出现负的误差变异量；（2）因子载荷介于0.5至0.95之间；（3）标准误值很小。当符合上述标准时，可以检验整体模型拟合标准及模型内在结构拟合程度，表4-12列出了结构方程模型适配度的标准。当不符合上述标准时，表示模型可能有系列误差、辨认问题或输入有误。

表4-12　　　　　　　　　结构方程模型适配度的标准

评价标准	检验结果数据	适配判断
没有出现负的误差变异量	均为正数	是
因子载荷介于0.5至0.95之间	0.709~0.842	是
标准误值很小	0.069~0.141	是
所估计的参数均达到显著水平，t绝对值＞1.96，符号与期望的相符	t值在9.732~13.838	是
潜在变量的组合信度大于0.60	0.809~0.851	是
潜在变量的平均方差抽取值（AVE）大于0.50	0.51~0.63	是

1.对研究模型内在结构进行适配度检验

表4-13为模型内在结构适配度检验结果，包括标准化回归系数（因子载荷）、标准误、t值、显著性概率P值、组合信度、AVE。潜在变量的平均方差抽取值（AVE）显示了被潜在变量所解释的变异量有多少是来自测量误差，是潜在变量所能解释观察变量变异量的程度。AVE的值越大，观察变量被潜在变量解释的变异量百分比越大，相对的测量误差就越小。一般而言，当AVE>0.50这一临界值时，表

示观察变量可以有效反映其所属的潜在变量，潜在变量具有良好的信度与效度。

表4-13 模型内在结构适配度检验结果

潜在变量对 观察变量	标准化 回归系数 （因子载荷）	标准误	t值	显著性 概率 （P值）	组合 信度	AVE
XZ→XZ1	0.813	—	—	—		
XZ→XZ2	0.815	0.076	11.237	***		
XZ→XZ3	0.803	0.069	12.271	***	0.832	0.51
XZ→XZ4	0.825	0.127	11.286	***		
XZ→XZ5	0.769	0.141	11.361	***		
HD→HD1	0.724	—	—	—		
HD→HD2	0.763	0.078	10.072	***		
HD→HD3	0.831	0.083	10.372	***	0.812	0.54
HD→HD4	0.869	0.085	12.461	***		
HD→HD6	0.802	0.101	10.361	***		
YY→YY1	0.839	—	—	—		
YY→YY2	0.762	0.113	12.763	***		
YY→YY3	0.792	0.102	12.174	***	0.817	0.53
YY→YY4	0.731	0.104	13.838	***		
YY→YY5	0.712	0.131	11.163	***		
YY→YY6	0.772	0.068	10.033	***		
KK→KK1	0.743	—	—	—		
KK→KK2	0.775	0.103	9.735	***		
KK→KK3	0.868	0.053	9.752	***	0.813	0.59
KK→KK4	0.837	0.077	9.832	***		
KK→KK5	0.746	0.062	10.151	***		
YQ→YQ1	0.834	—	—	—		
YQ→YQ2	0.781	0.092	10.324	***	0.809	0.63
YQ→YQ3	0.761	0.087	10.508	***		
YQ→YQ4	0.803	0.107	9.732	***		

续表

潜在变量对观察变量	标准化回归系数（因子载荷）	标准误	t值	显著性概率（P值）	组合信度	AVE
QW→QW1	0.783	—	—	—		
QW→QW2	0.811	0.101	11.614	***	0.835	0.62
QW→QW3	0.752	0.099	13.813	***		
QW→QW4	0.709	0.108	12.406	***		
MY→MY1	0.812	—	—	—		
MY→MY2	0.795	0.066	12.256	***	0.851	0.61
MY→MY3	0.765	0.088	11.521	***		
MY→MY4	0.803	0.081	11.783	***		
XR→XR1	0.713	—	—	—		
XR→XR2	0.826	0.079	11.382	***	0.837	0.55
XR→XR3	0.786	0.072	10.302	***		
XR→XR4	0.827	0.082	10.243	***		
JZ→JZ1	0.802	—	—	—		
JZ→JZ2	0.778	0.061	9.734	***	0.826	0.54
JZ→JZ3	0.814	0.073	11.327	***		
CG→CG1	0.842	—	—	—		
CG→CG2	0.784	0.075	11.471	***	0.834	0.58
CG→CG3	0.742	0.084	10.734	***		

注："***"表示$P<0.001$。

从表4-13的分析结果来看，潜在变量 XZ 的5个测量指标（观察变量）的因子载荷分别为0.813、0.815、0.803、0.825、0.769，潜在变量 HD 的5个测量指标（观察变量）的因子载荷分别为0.724、0.763、0.831、0.869、0.802，潜在变量 YY 的6个测量指标（观察变量）的因子载荷分别为0.839、0.762、0.792、0.731、0.712、0.772，潜在变量 KK 的5个测量指标（观察变量）的因子载荷分别是0.743、

0.775、0.868、0.837、0.746，潜在变量 YQ 的 4 个测量指标（观察变量）的因子载荷分别为 0.834、0.781、0.761、0.803，潜在变量 QW 的 4 个测量指标（观察变量）的因子载荷分别为 0.783、0.811、0.752、0.709，潜在变量 MY 的 4 个测量指标（观察变量）的因子载荷分别为 0.812、0.795、0.765、0.803，潜在变量 XR 的 4 个测量指标（观察变量）的因子载荷分别为 0.713、0.826、0.786、0.827，潜在变量 JZ 的 3 个测量指标（观察变量）的因子载荷分别为 0.802、0.778、0.814，潜在变量 CG 的 3 个测量指标（观察变量）的因子载荷分别为 0.842、0.784、0.742。各个测量指标（观察变量）的因子载荷介于 0.709~0.869 之间，标准误值介于 0.061~0.141 之间，t 值介于 9.732~13.838 之间，所估计的参数均达到显著水平。t 绝对值 > 1.96，潜在变量的组合信度介于 0.809~0.851 之间，潜在变量的平均方差抽取值（AVE）介于 0.51~0.63 之间，表明模型内在结构适配度检验良好。

2.对研究模型进行整体模型适配度指标检验

本书主要采用绝对拟合指标、相对拟合指标和简约拟合指标这三类拟合指标对研究模型的整体适配度进行检验。表 4-14 是模型整体适配度指标检验结果与各指标的适配标准。从表中的结果可以看出，绝对拟合指标的检验结果表明：模型的卡方值为 21.127>0.05，卡方自由度比值为 1.501<3，显著性概率 P=0.075>0.05，GFI 值为 0.923>0.9，RMSEA 值为 0.031<0.05，AGFI 值为 0.916，RMR 值为 0.025<0.05，均满足适配标准。相对拟合指标的检验结果表明 NFI 值为 0.926，RFI 值为 0.913，IFI 值为 0.943，均达到 0.9 以上的适配标准。简约拟合指标的检验结果表明 PNFI 值为 0.692，PGFI 值为 0.702，均达到了 0.5 以上的适配标准。综上，模型整体适配度指标检验结果表明模型与数据之间可以适配，模型的各项指标达到适配标准。

表4-14　模型整体适配度指标检验结果与各指标的适配标准

整体适配指标	指数	指数含义	适配标准	指标值	适配判断
绝对拟合指标	CMIN（X^2）	卡方值	显著性概率 p>0.05	21.127（p=0.075）	是
	CMIN/DF	卡方自由度比值	1~3之间	1.501	是
	GFI	拟合优度指数	>0.9	0.923	是
	RMSEA	近似误差均方根	<0.05	0.031	是
	AGFI	调整拟合优度指数	>0.9	0.916	是
	RMR	残差均方和平方根	<0.05	0.025	是
相对拟合指标	NFI	规范拟合指数	>0.9	0.926	是
	RFI	相对拟合指数	>0.9	0.913	是
	IFI	增值拟合指数	>0.9	0.943	是
简约拟合指标	PNFI	简约基准拟合指数	>0.5	0.692	是
	PGFI	简约拟合优度指数	>0.5	0.702	是

4.4.3　结构模型的检验

对结构模型的检验结果所得到的估计是路径系数，通过估计路径模型中的参数以及潜在变量之间的相互关系，我们可以了解潜在变量对观察变量的影响程度，可以解释变量间理论关系的强度和特征。结构模型主要探讨的是潜在变量的因果关系，因此结构模型又称为因果模型。路径系数的显著性反映了因果关系在统计意义上是否显著。路径系数估计值检验如果达到显著性水平（P<0.05），表示回归系数显著性不等于0。路径系数表示潜在变量之间直接或间接的因果关系，可以揭示结构模型中潜在的因果机制。

本书采用极大似然估计方法（Maximum Lkelihood，ML）对结构方程模型的参数进行估计。结构模型检验结果见表4-15。在该表中，路径参数估计值用Estimate表示，参数估计值的临界比值用C.R.表示，P是显著性概率值。检验结果表明，模型各参数的回归加权值均达到0.001的显著性概率水平（用"***"表示），估计参数中没有出现负的误差变异量，且标准误差估计值均很小，表明模型适配良好。对初始模型检验结果的说明如下：

表4-15　　　　　　　　　　结构模型检验结果

假设	路径	Estimate	C.R.	P	说明
H1	XZ→MY	0.263	6.169	***	支持
H2	XZ→XR	0.213	4.837	***	支持
H3	XZ→JZ	0.357	3.792	***	支持
H4	HD→MY	0.391	5.803	***	支持
H5	HD→XR	0.219	4.372	***	支持
H6	HD→JZ	0.324	3.189	***	支持
H7	YY→MY	0.367	2.734	***	支持
H8	YY→XR	0.216	3.161	***	支持
H9	YY→JZ	0.408	2.192	***	支持
H10	KK→MY	0.262	3.718	***	支持
H11	KK→XR	0.386	3.194	***	支持
H12	KK→JZ	0.417	1.461	***	支持
H13	YQ→MY	0.321	2.387	***	支持
H14	YQ→XR	0.378	4.096	***	支持
H15	YQ→JZ	0.302	4.823	***	支持
H16	QW→MY	−0.072	1.877	***	不支持
H17	QW→XR	0.316	3.383	***	支持

续表

假设	路径	Estimate	C.R.	P	说明
H18	QW→JZ	0.392	2.982	***	支持
H19	MY→CG	0.237	4.193	***	支持
H20	XR→CG	0.389	5.002	***	支持
H21	JZ→CG	0.395	4.625	***	支持

注："***"表示 P<0.001。

（1）新媒体平台中用户感知信息质量在 0.001 的显著性水平下对用户满意具有正向的路径系数 0.263，因此假设 H1 得到验证。新媒体平台中用户感知信息质量在 0.001 的显著性水平下对用户信任具有正向的路径系数 0.213，因此假设 H2 得到验证，新媒体平台中用户感知信息质量在 0.001 的显著性水平下对用户感知价值具有正向的路径系数 0.357，因此假设 H3 得到验证。（因所有假设显著性概率值均小于 0.001，以下不再特别指出）

（2）新媒体平台中用户感知互动性对用户满意具有正向的路径系数 0.391，因此假设 II4 得到验证。新媒体平台中用户感知互动性对用户信任具有正向的路径系数 0.219，因此假设 H5 得到验证。新媒体平台中用户感知互动性对用户感知价值具有正向的路径系数 0.324，因此假设 H6 得到验证。

（3）新媒体平台中用户感知有用性对用户满意具有正向的路径系数 0.367，因此假设 H7 得到验证。新媒体平台中用户感知有用性对用户信任具有正向的路径系数 0.216，因此假设 H8 得到验证。新媒体平台中用户感知有用性对用户感知价值具有正向的路径系数 0.408，因此假设 H9 得到验证。

（4）新媒体平台中用户感知可靠对用户满意具有正向的路径系数 0.262，因此假设 H10 得到验证。新媒体平台中用户感知可靠性对用户信任具有正向的路径系数 0.386，因此假设 H11 得到验证。新媒体平台中用户感知可靠性对用户感知价值具有正向的路径系数 0.417，因此假设 H12 得到验证。

（5）新媒体平台中用户感知移情性对用户满意具有正向的路径系数 0.321，因此假设 H13 得到验证。新媒体平台中用户感知移情性对用户信任具有正向的路径系数 0.378，因此假设 H14 得到验证。新媒体平台中用户感知移情性对用户感知价值具有正向的路径系数 0.302，因此假设 H15 得到验证。

（6）新媒体平台中用户期望确认对用户满意具有负向的路径系数 −0.072，因此假设 H16 未得到验证。新媒体平台中用户期望确认对用户信任具有正向的路径系数 0.316，因此假设 H17 得到验证。新媒体平台中用户期望确认对用户感知价值具有正向的路径系数 0.392，因此假设 H18 得到验证。

（7）新媒体平台中用户满意对用户持续关注具有正向的路径系数 0.237，因此假设 H19 得到验证。新媒体平台中用户信任对用户持续关注具有正向的路径系数 0.389，因此假设 H20 得到验证。新媒体平台中用户感知价值对用户持续关注具有正向的路径系数 0.395，因此假设 H21 得到验证。

4.5 研究模型修正

通过采用适当的修正方法，可以提高模型的准确性和可解释性，帮助研究者更好地理解研究对象的潜在结构关系。研究者应根据具体情况选择合适的修正方法，并在模型构建和分析过程中不断优化和完善，对初始模型进行局部修改或调整以提高模型的适配度，修正完的模型应当是合理的、明确的与可解释的，只有这样才能得到可靠和有效的研究结果。模型修正的实现方法是：（1）对路径进行修正，删除未达到显著性水平的影响路径，例如外因潜变量对内因潜变量的路径系数不显著（p>0.05）；（2）删除不合理路径，路径系数与理论文献或经验法则相反，则此条路径系数应该删除；（3）采用结构方程软件提供的修正指标（M.I）。

表4-15中初始模型的参数检验结果表明，假设H16与理论模型不符合，因此在进行模型修正时，要将初始模型中假设H16表示的外因潜在变量用户期望确认与用户满意之间的路径删除。

4.5.1 修正模型的参数检验

本书采用多元相关平方方法来研究潜在变量和观察变量之间的相关关系。多元相关平方方法用于探索多个变量之间的相关性，也可以用来确定影响一个变量的因素。多元相关平方方法可以同时考虑多个变量的影响，从而可以更准确地分析变量之间的关系。观察变量的多元相关平方系数（R^2）是观察变量的信度系数，表示个别观察变量被其潜在变量解释的变异量。如果测量误差大于0.5，表示以此观察变量作为潜在变量的指标不理想，其解释能力不够。内因潜在变量的多元相关平方系数即内因潜在变量被外因潜在变量所能解释的变异量的百分比。

表4-16是修正模型的观察变量与内因潜在变量的多元相关平方。从表中的结果可以看出，模型修正后，外因潜在变量对内因潜在变量具有较强的解释力。模型中的观察变量的R^2值位于0.697与0.821之间，均大于0.5，测量误差均小于0.5，因此修正后模型的所有观察变量的个别信度较好。

表4-16 修正模型的内因潜在变量与观察变量的多元相关平方

内因潜在变量/观察变量	估计值	测量误差
MY	0.463	0.174
XR	0.531	0.154
JZ	0.482	0.176
CG	0.542	0.213
XZ1	0.792	0.208
XZ2	0.712	0.283
XZ3	0.753	0.247
XZ4	0.714	0.286
XZ5	0.761	0.239
HD1	0.763	0.237
HD2	0.772	0.221
HD3	0.731	0.269
HD4	0.752	0.248
HD5	0.742	0.257
YY1	0.767	0.233
YY2	0.783	0.217
YY3	0.729	0.271
YY4	0.708	0.292
YY5	0.703	0.297
YY6	0.722	0.278
KK1	0.735	0.265
KK2	0.744	0.256
KK3	0.803	0.197
KK4	0.732	0.268
KK5	0.783	0.217
YQ1	0.718	0.282

内因潜在变量/观察变量	估计值	测量误差
YQ2	0.791	0.209
YQ3	0.771	0.229
YQ4	0.706	0.294
QW1	0.785	0.215
QW2	0.806	0.194
QW3	0.697	0.303
QW4	0.809	0.191
MY1	0.747	0.253
MY2	0.812	0.188
MY3	0.697	0.303
MY4	0.749	0.251
XR1	0.821	0.179
XR2	0.805	0.195
XR3	0.767	0.233
XR4	0.734	0.266
JZ1	0.702	0.298
JZ2	0.786	0.214
JZ3	0.801	0.199
CG1	0.797	0.203
CG2	0.751	0.249
CG3	0.772	0.228

对修正模型进行参数检验后，得到表4-17中的结果。比较修正前后整体模型适配度各项检验指标值可以看到，修正前模型的显著性概率P为0.075，修正后模型的显著性概率P变为0.069，均大于0.05的标准，表示修正前后模型与实际数据均可以拟合。其他修正前后各项检验指标的变化情况还有卡方值由21.127变为20.358，卡方自由度

比值由1.501变为1.475，近似误差均方根的值由0.031变为0.028，等等，表明修正模型达到了结构方程模型适配的标准值。表4-17的各项数据表明，修正后的整体模型适配度检验指标更佳。

表4-17　　　　　修正前后整体模型适配度检验指标比较

整体适配指标	指数	指数含义	适配标准	模型修正之前指标值	模型修正之后指标值
绝对拟合指标	CMIN（X^2）	卡方值	显著性概率 p>0.05	21.127 （p=0.075）	20.358 （p=0.069）
	CMIN/DF	卡方自由度比值	1-3之间	1.501	1.475
	GFI	拟合优度指数	>0.9	0.923	0.931
	RMSEA	近似误差均方根	<0.05	0.031	0.028
	AGFI	调整拟合优度指数	>0.9	0.916	0.923
	RMR	残差均方和平方根	<0.05	0.025	0.022
相对拟合指标	NFI	规范拟合指数	>0.9	0.926	0.934
	RFI	相对拟合指数	>0.9	0.913	0.925
	IFI	增值拟合指数	>0.9	0.943	0.943
简约拟合指标	PNFI	简约基准拟合指数	>0.5	0.692	0.712
	PGFI	简约拟合优度指数	>0.5	0.702	0.723

4.5.2　修正模型的参数估计结果

对初始模型修正后形成本书的最终模型。对修正模型进行参数估计，得到模型修正后标准化回归系数估计结果（见表4-18）。从表4-18可以看出，删除假设H16所在的路径再经重新检验后，所有路径系数均达到0.001的显著性水平，所有路径系数都显示正向的显著性影响。

表4-18 模型修正后标准化回归系数估计结果

假设	路径	Estimate	C.R.	P	说明
H1	MY→XZ	0.269	6.181	***	支持
H2	XR→XZ	0.221	5.506	***	支持
H3	JZ→XZ	0.361	3.573	***	支持
H4	MY→HD	0.383	5.921	***	支持
H5	XR→HD	0.232	4.372	***	支持
H6	JZ→HD	0.329	3.425	***	支持
H7	MY→YY	0.371	2.162	***	支持
H8	XR→YY	0.209	4.382	***	支持
H9	JZ→YY	0.412	3.673	***	支持
H10	MY→KK	0.271	3.526	***	支持
H11	XR→KK	0.387	3.235	***	支持
H12	JZ→KK	0.403	1.583	***	支持
H13	MY→YQ	0.330	2.169	***	支持
H14	XR→YQ	0.372	4.107	***	支持
H15	JZ→YQ	0.313	4.928	***	支持
H17	XR→QW	0.323	3.427	***	支持
H18	JZ→QW	0.378	2.816	***	支持
H19	CG→MY	0.245	4.201	***	支持
H20	CG→XR	0.394	5.268	***	支持
H21	CG→JZ	0.381	4.754	***	支持

注："***"表示P<0.001。

4.6 实证研究结果的讨论与启示

4.6.1 模型研究假设的支持情况分析

通过实证研究，本书的绝大多数假设得到检验结果的支持，但假设H16没有得到支持（见表4-19）。对各研究假设的检验结果支持情况分析如下：

表4-19 所有研究假设的检验结果

假设代码	研究假设	检验结果
H1	感知信息质量正向影响用户对政务新媒体的满意	支持
H2	感知信息质量正向影响用户对政务新媒体的信任	支持
H3	感知信息质量正向影响用户对政务新媒体的感知价值	支持
H4	感知互动性正向影响用户对政务新媒体的满意	支持
H5	感知互动性正向影响用户对政务新媒体的信任	支持
H6	感知互动性正向影响用户对政务新媒体的感知价值	支持
H7	感知有用性正向影响用户对政务新媒体的满意	支持
H8	感知有用性正向影响用户对政务新媒体的信任	支持
H9	感知有用性正向影响用户对政务新媒体的感知价值	支持
H10	感知可靠性正向影响用户对政务新媒体的满意	支持
H11	感知可靠性正向影响用户对政务新媒体的信任	支持
H12	感知可靠性正向影响用户对政务新媒体的感知价值	支持
H13	感知移情性正向影响用户对政务新媒体的满意	支持
H14	感知移情性正向影响用户对政务新媒体的信任	支持
H15	感知移情性正向影响用户对政务新媒体的感知价值	支持
H16	期望确认正向影响用户对政务新媒体的满意	不支持

假设代码	研究假设	检验结果
H17	期望确认正向影响用户对政务新媒体的信任	支持
H18	期望确认正向影响用户对政务新媒体的感知价值	支持
H19	用户满意对持续关注政务新媒体具有正向的影响	支持
H20	用户信任对持续关注政务新媒体具有正向的影响	支持
H21	用户感知价值对持续关注政务新媒体具有正向的影响	支持

从结构方程模型的路径"信息质量→满意""信息质量→信任""信息质量→感知价值"的参数估计结果来看，分别有正向的路径系数0.269、0.221、0.361，表明新媒体平台用户感知的信息质量对用户满意、用户信任、用户感知价值具有显著的正向影响，因此假设H1、H2、H3成立。本书认为，政务部门在利用新媒体开展服务时，既要注重充分采用先进的信息传播媒介，也要重视在新媒体平台上所发布信息的质量，以提高新媒体平台的信息服务效果。然而，一些政务新媒体将目标局限于政务服务而疏于优质内容的打造和传播，或是生硬粗糙地复制粘贴政策、法规、动态信息与他源内容，或是很少发布、很少更新，信息质量不高，导致无法吸引和维持公众的注意力，难以广泛、持续黏着用户①。

在有关政务新媒体使用行为的文献中，闻宇等研究结果证实政务短视频用户感知内容质量对使用行为产生显著正向影响②。Jia等的研究指出政府新媒体的信息质量是公民满意度的重要预测因素。③谷乐等的研究指出信息质量与用户对政务微博平台的满意度相关。④在有

---

① 黄河，邵逸涵. 政务新媒体的定位、专业塑造与效能提升 [J]. 青年记者，2022 (14)：18-20.
② 闻宇，吴红雨. 政务短视频公众使用行为及其影响因素研究：基于上海的调查 [J]. 新媒体公共传播，2021 (2)：131-151.
③ JIA Z M, LIU M, SHAO G S. Linking government social media usage to public perceptions of government performance: an empirical study from China [J]. Chinese Journal of Communication, 2019, 12 (1): 84-101.
④ 谷乐，霍明奎. 政务微博平台公共服务满意度调查与提升策略 [J]. 中国管理信息化，2021，24 (19)：168-171.

关政务新媒体平台信息质量的研究文献中，Arshad 等的研究结果表明政府机构在社会化媒体上提供的高质量信息和公民的在线政治参与显著相关①。杨欣欣等的研究指出在新冠疫情期间，信息质量、系统质量通过服务质量对公众使用政务 App 的满意度和使用政务 App 的行为有显著的正向影响。②Zeng 等指出疾控中心政务新媒体平台及时更新的、丰富的、多媒体原创内容的防疫科普信息和应急信息，有助于促进政府与公众之间的沟通。③田晓旭的研究结果表明衡量政务短视频系统的质量因素正向影响用户持续参与意向。④Yang 等指出中国政府社会化媒体平台的内容质量对用户满意度有正向影响。⑤祁凯等的研究指出，政务短视频对舆情危机事件进行及时翔实的报道以保持高度的信息透明度，对于提升政务新媒体的公信度有正向影响。⑥胡衬春指出政府网站良好的信息提供能力可以增加公众的信任，政府社会化媒体的恰当运用能促进公众对政府的满意度。⑦本书与上述研究结论一致。

从结构方程模型的路径"互动→满意""互动→信任""互动→感知价值"的参数估计结果来看，分别有正向的路径系数 0.383、0.232、0.329，新媒体平台中用户感知互动性对用户满意、用户信任、用户感知价值具有正向影响，因此，假设 H4、H5、H6 得到验证，说

①　ARSHAD S，KHURRAM S. Can government's presence on social media stimulate citizens' online political participation? Investigating the influence of transparency, trust, and responsiveness [J]. Government Information Quarterly，2020，37（3）：101486.
②　杨欣欣，陈占葵，姜红波，等. 新冠疫情下政务 App 服务质量、满意度及使用行为分析：以"i 厦门"为例 [J]. 厦门理工学院学报，2021，29（6）：7-14.
③　ZENG R，LI M. Social media use for health communication by the CDC in Mainland of China：national survey study 2009-2020 [J]. Journal of Medical Internet Research，2020，22（12）：e19470.
④　田晓旭，毕新华，杨一毫，等. 政务短视频用户持续参与的影响因素研究 [J]. 情报杂志，2022，41（4）：144-151；172.
⑤　YANG F，ZHAO S，LI W，et al. Understanding user satisfaction with Chinese government social media platformsh [J]. Information Research，2020，25（3）：865.
⑥　祁凯，韦晓玉，郑瑞. 基于系统动力学模型的政务短视频网络舆情动力演化分析 [J]. 情报理论与实践，2021，44（3）：115-121；130.
⑦　胡衬春. 地方政府网站、政务微信、政务微博的使用与公众政府信任的关系研究 [J]. 电子政务，2017（12）：90-101.

明用户感知的政务新媒体上具有有效的互动沟通交流渠道决定了用户（公众）对政务新媒体的满意度、信任度和感知价值。这表明政务新媒体平台要进一步完善政务新媒体互动功能，拓宽群众参与行政决策、反映诉求的渠道，及时主动回应用户关注的问题，以务实、真诚的态度与广大公众开展及时有效的沟通，积极收集社情民意，使公众感受到政务新媒体平台的服务能力，从而增强用户对政务新媒体的信任、满意和感知价值的态度。

新媒体平台传播呈双向模式。原来的单向、一言堂式的政务宣传方式，越来越被用户所厌烦，互动性强的宣传已经成为政务服务的发展趋势[1]。政务新媒体往往代表着政府形象，在新媒体平台上加强和用户之间的互动交流有助于获得稳定的关注群体，展现服务型政府的形象。胡衬春在研究中指出，公众越是经常在电子政府平台上与政府沟通互动，对地方政府在线服务的满意度和政治信任度就越高。[2]Hisham 等指出新媒体技术有助于为政府公共部门与公民之间的互动提供更大的透明度和协作决策手段。[3]Yang 等的研究结果指出移动政务微博用户感知互动对感知价值有正向的影响。[4]Guo 等指出政务新媒体集合了人际传播、群体传播、大众传播的多种特点，提供了公众与政府机构进行信息互动、信息交流的平台，公众使用政务新媒体互动交流而获得的社会满足越强，越愿意继续使用政务新媒体，互动交流提升了公众参与政务活动的积极性。[5]Lin 等

---

① 侯雨辰. 新媒体平台发展趋势下政务宣传工作模式的创新 [J]. 记者摇篮，2022（4）：51-53.

② 胡衬春. 地方政府网站、政务微信、政务微博的使用与公众政府信任的关系研究 [J]. 电子政务，2017（12）：90-101.

③ ABDELSALAM H M, CHRISTOPHER C G. Social media in Egyptian government websites: presence, usage, and effectiveness [J]. Government Information Quarterly, 2013, 30 (4): 406-416.

④ YANG S Q, JIANG H, YAO J R, et al. Perceived values on mobile GMS continuance: a perspective from perceived integration and interactivity [J]. Computers in Human Behavior, 2018, 89: 16-26.

⑤ GUO J P, LIU Z G, LIU Y. Key success factors for the launch of government social media platform: identifying the formation mechanism of continuance intention [J]. Computers in Human Behavior, 2016, 55 (B): 750-763.

的研究指出互动性有助于提高公众参与政务新媒体的有效性。[①]
Chen等的研究指出公民参与社会化媒体平台互动有助于提高政府和
公民之间的信任度。[②]本书和上述研究结果一致。

从结构方程模型的路径"有用性→满意""有用性→信任""有用
性→感知价值"的参数估计结果来看，分别有正向的路径系数0.371、
0.209、0.412，政务新媒体用户感知有用性对用户满意、信任和感知
价值具有正向影响，因此假设H7、H8、H9得到验证，说明政务新媒
体上发布的信息能解决用户的实际问题，使他们能了解到政务信息、
新闻等方面的知识，政务新媒体平台易于操作等特性决定了公众对政
务新媒体满意度、信任度和感知价值。这一结论表明政务新媒体平台
发布有用的、可信的信息可以促进用户对政府机构的了解，从而为用
户持续关注政务新媒体奠定基础。

在有关政务平台的研究中，有学者采用TAM（Davis，1989）模
型来研究政务平台的关键因素对使用意愿、行为、持续使用意愿的影
响。Rana等指出感知有用性、感知易用性、态度、信任、服务质量
影响电子政务平台的使用意愿及行为。[③]Xie等的研究指出感知有用
性、感知易用性等因素对电子政务平台的持续使用意愿具有正向的影
响。[④]李永忠等的研究指出公众感知移动政务平台的有用性对满意度
有正向的影响。[⑤]因此，本书与上述研究结论一致。政务新媒体服务
的重要目标就是促进"政务服务"和"新媒体"有机融合，为广大公

① LIN Y L, KANT S. Using social media for citizen participation: contexts, empowerment, and inclusion [J]. Sustainability, 2021, 13 (12): 6635.
② CHEN Q, MIN C, ZHANG W, et al. Factors driving citizen engagement with government TikTok accounts during the COVID-19 pandemic: model development and analysis [J]. Journal of Medical Internet Research, 2021, 23 (2): e21463.
③ RANA N P, DWIVEDI Y K, WILLIAMS M D. Ameta-analysis of existing research on citizen adoption of E-government [J]. Information Systems Frontiers, 2013, 17 (3): 547-563.
④ XIE Q J, SONG W, PENG X B, et al. Predictors for E-government adoption: integrating TAM, TPB, trust and perceived risk [J]. Electronic Library, 2017, 35 (1): 2-20.
⑤ 李永忠，谢隆腾，陈静. 移动政务服务公众持续使用行为研究 [J]. 合肥工业大学学报（社会科学版），2018，32 (6): 40-49.

众提供有用的、易获取的公共服务，有用性是衡量政务新媒体平台绩效的关键因素。感知有用性是用户满意度、信任和感知价值的前因变量，能够显著提升用户使用政务新媒体的意向，因此政务新媒体的管理人员在编辑信息时应当从用户视角出发，语言表达要准确清晰，提高信息内容策划和设计水平，使用丰富且多样性的表达形式，包括文字、图片和动画等，应深入调查、考察民意，发布社会公众普遍关心的有效信息，满足用户获取政务信息的需求。

从结构方程模型的路径"可靠性→满意""可靠性→信任""可靠性→感知价值"的参数估计结果来看，分别有正向的路径系数 0.271、0.387、0.403，新媒体用户感知可靠性对满意、信任和感知价值具有正向影响，因此，假设 H10、H11、H12 成立，说明政务新媒体上发布的信息是否值得信赖等决定了用户对政务新媒体平台的满意、信任和感知价值的态度。在新媒体时代，信息传递速度加快、传播范围增大，公众可通过各种途径进行信息交流，其获得的信息难免有不真实的内容。政府相关部门要明确角色定位，塑造权威话语主体，及时发布真实信息，做好权威信息发布和舆论引导，制止谣言的传播，赢得群众信任。本书这一结论表明政务新媒体平台发布可信的、权威的信息，澄清重要事实，有助于加强公众对政府机构的了解和信任。

在关于政务新媒体运营的相关文献中，樊晓燕的研究指出在突发事件中，政务新媒体要及时应对舆情、公开真实情况、维护政府形象，要成为公众了解事实真相的重要信息来源；官方在政务新媒体上的及时回应对于化解舆论争端、疏导公众情绪有着显著效果。[①]姜新的研究指出权威高效的政务新媒体必须具备"守正"与"出新"的特质，"守正"是指政务新媒体要坚持正确舆论导向，传播主流思想，

---

① 樊晓燕. 自然灾害危机事件中政务新媒体传播导向研究 [J]. 新闻前哨，2022 (11): 4-6.

承载主流价值，用权威彰显公信力；"出新"指的是在守正固本的前提下，不断创新手段和方式，将互联网这一"最大变量"转化为政务新媒体公信力的"最大增量"。[①]Park 等的研究分析发现来自政府官员发布的推文在提高公民对政府信任方面发挥了作用。[②]本书与上述研究结论一致。

从结构方程模型的路径"移情性→满意""移情性→信任""移情性→感知价值"的参数估计结果来看，分别有正向的路径系数 0.330、0.372、0.313，政务新媒体用户的感知移情性对用户满意、信任和感知价值具有正向影响，因此，假设 H13、H14、H15 成立，说明用户对政务新媒体的感知移情性决定了用户对政务新媒体满意度、信任度和感知价值。这一结论表明，政府机构在利用新媒体平台开展政务服务和政务信息公开的过程中，需要给予用户充分的关注与关怀，做到以人为本，关注用户情感需求，满足多元化、定制化、个性化、安全性、隐私性的使用需求，增加平台的智能化程度，扩大用户对算法机制的设置权限，使界面更符合用户的使用需求，提高其使用的主动性；提供多种渠道让用户参与到政务工作中，向公众传递出政府部门的工作态度，推动政务新媒体健康有序发展。

在政务新媒体用户使用行为的文献中，匡亚林等的研究指出政务短视频用户群体的积极情感元素对持续使用行为具有正向作用[③]。鲍科美的研究指出用户的隐私保护问题是影响移动政务 App 用户满意度和持续使用意愿的重要因素。[④]霍明奎的研究指出用户对政务新媒体

---

　　① 姜新. 新传播生态下政务新媒体的"守正"与"出新"[J]. 吉林人大，2019（12）：38-39.
　　② PARK M J，KANG D，RHO J J，et al. Policy role of social media in developing public trust：Twitter communication with government leaders [J]. Public Management Review，2016，18（9）：1265-1288.
　　③ 匡亚林，李佳蓉. 基于"S-O-R"框架的政务短视频持续使用群体画像模型构建[J]. 情报杂志，2021，40（11）：161-168.
　　④ 鲍科美. 扎根理论视角下移动政务 App 用户使用行为影响因素研究 [J]. 河北科技图苑，2022，35（3）：52-58；20.

的感知移情性是不断提高用户满意度的主要因素。[①]HyehyunHong 的研究指出公众使用政府网站的经验与公众对政府的信任之间存在正向关系。[②]姚鹏的研究结果表明移情性对用户感知政务 App 的服务质量具有正向作用。[③]因此，本书与上述研究结论一致。

从结构方程模型的路径"期望确认→满意"的参数估计结果来看，政务新媒体用户期望确认对满意具有负向影响，假设 H16 未得到验证，研究结果说明期望确认不是用户对政务新媒体满意的主要影响因素，即用户期望确认不会对政务新媒体的满意产生明显的促进作用，其可能原因是：期望确认仅是影响用户满意的因素之一，但用户更多地把政务新媒体平台作为快速获取政务信息、获取政务服务的新媒体渠道，因此信息质量、互动性、有用性等因素对满意有更大的作用；此外，现有政务新媒体平台的服务质量也远没有达到用户的要求和期望，还有很大的提升和发展空间，导致期望确认对满意的影响不显著。

从结构方程模型的路径"期望确认→信任""期望确认→感知价值"的参数估计结果来看，分别有正向的路径系数 0.323、0.378，政务新媒体用户期望确认对信任和感知价值具有正向影响，因此，假设 H17、H18 得到验证，说明用户对政务新媒体的期望确认决定了用户对政务新媒体平台的信任度和感知价值。这一结论表明政务新媒体要以用户为中心，不断完善公众服务意识，创新提供服务的方式，给用户带来愉快、舒适的使用经历；在内容运营上要贴合社会热点，注意内容发布频率，避免出现"僵尸号""空壳号"；要建立信息的及时发布机制，面对突发事件要提高响应速度，及时公布真相、辟除谣言，

---

① 霍明奎，吕智悦. 县级政务微信平台信息服务质量评价体系设计与应用研究：以吉林省为例 [J]. 情报探索，2021 (2)：74-81.

② HONG H H. Government websites and social media's influence on government-public relationships [J]. Public Relations Review, 2013, 39 (4): 346-356.

③ 姚鹏. 政务新媒体绩效评估研究 [D]. 武汉：武汉大学，2017.

从而使"互联网+政务服务"取得更大实效。

在政务新媒体的运营文献中，Hidayat等的研究表明政府机构所拥有的社会化媒体平台官方账户可以接触社会各阶层，有助于改善政府与公众之间的网络关系[①]。要树立良好的政府形象，不但取决于政务新媒体平台的内容质量，还取决于政务新媒体工作人员的服务意识。在信息传播方面，政务新媒体管理人员要转变观念，提高公众服务的工作效率，及时发布最新政策信息，及时回应社会关切。在沟通交流方面，要从群众切身利益出发，提升接受投诉和监督处理的畅通程度，改善处理公众建议、疑问的及时性和有效性，积极塑造服务型政务话语形象。服务的效率和责权意识等都将影响公众对政务新媒体的期望，进而影响公众的满意度、信任度，也影响着政府在公众中的形象。

从结构方程模型的路径"用户满意→持续关注"的参数估计结果来看，用户满意对持续关注具有正向影响，有正向的路径系数0.245，因此，假设H19得到验证，说明用户对政务新媒体的满意会引导他们持续关注政务新媒体平台。这一结论表明政府部门利用新媒体平台开展新闻宣传创新，有利于政务工作贴近民生，提升政务工作的群众基础，相比传统媒体，政务新媒体在面向公众的管理、获取信息、服务效率、提升政务宣传工作的影响力等方面更具优势，更易于提升公众的满意度，从而促进大众持续关注政务新媒体。

满意度是指用户在获取政务服务过程中产生的感知和反应，表现为社会公众对政务新媒体的期望水平和实际服务的内在比较。通常来说，满意度是用户在体验政务服务中自身需求被满足的一种愉悦感。Alarabiat等的研究结果表明公众通过Facebook参与政府主导的媒体平

---

① HIDAYAT S E，RAFIKI A，AL KHALIFA M H. The social media adoption of public sector in the kingdom of Bahrain [J]. Journal of Advances in Management Research，2019，16 (1)：23-37.

台意愿影响最大的因素是公众的态度和参与效能。[①]李敏之的研究指出公众对政务短视频的愉悦感知会强化其情绪表达、提升其对政务短视频的满意度，且公众参与政务短视频的满意度直接影响公众的参与意愿和行为。[②]张海指出用户的持续使用意愿是解决移动政务 App 用户使用的关键问题，通过不断提升用户的使用黏性，可实现移动政务 App 的可持续发展，研究指出政务 APP 用户的满意度对持续使用意愿产生正向影响。[③]Hung 等的研究结果表明，用户的满意度对政务社交网络服务的持续使用意向具有预测作用。[④]本书与上述研究结论一致。

从结构方程模型的路径"用户信任→持续关注"的参数估计结果来看，有正向的路径系数 0.394，用户对政务新媒体平台的信任对持续关注具有正向影响，因此，假设 H20 得到验证，说明用户对政务新媒体服务是否信赖、是否支持等因素将影响用户对政务新媒体的持续关注。在用户获取政务新媒体服务研究文献中，汤志伟的研究指出，用户对政府网站的信任度，对用户采纳政府网站的意向有正向作用[⑤]。Gašpar 等指出对社会化媒体的使用可使政府机构制定政策的过程更具包容性，能够增强政府和公民之间的信任。[⑥]Li 等的研究指出，公民对政府微博服务的信任度是政务微博持续性使用的显著的决定因素。[⑦]本书与上述研究结论一致。

① ALARABIAT A, SOARES D, ESTEVEZ E. Determinants of citizens' intention to engage in government-led electronic participation initiatives through Facebook [J]. Government Information Quarterly, 2021, 38（1）: 101537.
② 李敏之，陈谦. 突发公共卫生事件中公众参与政务短视频的影响因素研究: 基于抖音用户访谈数据的扎根分析 [J]. 东南传播，2021（10）: 35-39.
③ 张海，姚瑞红. ECM-IS 视角下移动政务 App 用户持续使用意愿影响因素研究 [J]. 重庆邮电大学学报（社会科学版），2020, 32（1）: 92-101.
④ HUNG S Y, CHEN K C, SU Y K. The effect of communication and social motives on E-government services through social media groups [J]. Behaviour & Information Technology, 2020, 39（7）: 741-757.
⑤ 汤志伟，龚泽鹏，涂文琴，等. 政府网站的公众初始采纳: 从意向形成到行为产生 [J]. 情报杂志，2017, 36（3）: 148-154.
⑥ GAŠPAR D, MABIĆ M. Social media: towards open government [J]. Economics of Digital Transformation, 2019: 353.
⑦ LI Y X, WANG H C, ZENG X W, et al. Effects of interactivity on continuance intention of government microblogging services: an implication on mobile social media [J]. International Journal of Mobile Communications, 2020, 18（4）: 420-442.

　　从结构方程模型的路径"用户感知价值→持续关注"的参数估计结果来看，有正向的路径系数 0.381，用户对政务新媒体平台的感知价值对持续关注具有正向影响，因此，假设 H21 得到验证，说明用户对政务新媒体提供的服务是否具有便利性、是否有助于节约时间成本和较低的服务成本的感知，将影响用户对政务新媒体的持续关注行为。在信息系统使用行为的相关文献中，感知价值一直被视为信息系统成功的重要决定因素，罗俊杰的研究指出感知价值是用户参与政务新媒体的重要因素[①]。陈强等指出感知价值是政务移动电台持续使用的因素之一。[②]Yang 等的研究指出感知功利价值会显著提升用户对移动政务微博的持续使用意愿。[③]李伟卿等的研究指出在线短视频网站用户感知价值将影响用户的持续使用意愿。[④]本书与上述研究结论一致。

4.6.2　路径分析

　　路径分析是对结构方程模型中存在因果关系的潜在变量间的路径进行分析。路径分析中，变量之间的影响效果包含直接效果与间接效果，两者的效果总量合称为外因潜在变量对内因潜在变量影响的总效果值。本书将根据最终模型中的内因潜在变量和外因潜在变量之间的因果关形成的路径系数进行分析，然后根据各变量之间的影响关系来对本书研究模型中的假设进行检验和探讨。

　　本书中有六个外因潜在变量：信息质量、互动性、有用性、可靠

---

　　① 罗俊杰. 政务新媒体感知价值、信任与参与意愿：人格特质的调节效应 [D]. 重庆：重庆大学，2020.

　　② 陈强，赵汉卿. 信息丰富度、感知价值与社会心理距离：政务移动电台持续使用意愿的影响因素研究 [J]. 信息技术与管理应用，2023，2（5）：10-22.

　　③ YANG S Q，ZENG X W. Sustainability of government social media：a multi-analytic approach to predict citizens' mobile government microblog continuance [J]. Sustainability，2018，10（12）：4849.

　　④ 李伟卿，汪文涛，黄炜，等. 弹幕视频网站用户持续使用行为的影响因素及其可解释性分析：基于感知价值的视角 [J]. 现代情报，2023，43（12）：63-72.

性、移情性和期望确认，这些外因潜在变量通过三个中介变量——满意、信任和感知价值——对持续关注产生影响。本书中对因果路径的评价方法，具体来说是以显著性为基础、采用标准化回归系数代表的路径系数来评估因果关系的强度。表4-20显示了6个外因潜在变量（XZ、HD、YY、KK、YQ、QW）对内因潜在变量（MY、XR、JZ、CG）的直接效果、间接效果和总效果值。

表4-20   模型路径系数分析

路径	直接效果	间接效果	总效果
XZ→MY	0.269	0	0.269
XZ→XR	0.221	0	0.221
XZ→JZ	0.361	0	0.361
XZ→CG	0	0.291	0.291
HD→MY	0.383	0	0.383
HD→XR	0.232	0	0.232
HD→JZ	0.329	0	0.329
HD→CG	0	0.311	0.311
YY→MY	0.371	0	0.371
YY→XR	0.209	0	0.209
YY→JZ	0.412	0	0.412
YY→CG	0	0.330	0.330
KK→MY	0.271	0	0.271
KK→XR	0.387	0	0.387
KK→JZ	0.403	0	0.403
KK→CG	0	0.372	0.372

续表

路径	直接效果	间接效果	总效果
YQ→MY	0.330	0	0.330
YQ→XR	0.372	0	0.372
YQ→JZ	0.313	0	0.313
YQ→CG	0	0.347	0.347
QW→XR	0.323	0	0.323
QW→JZ	0.378	0	0.378
QW→CG	0	0.271	0.271
MY→CG	0.245	0	0.245
XR→CG	0.394	0	0.394
JZ→CG	0.381	0	0.381

4.6.3　影响因素作用的路径分析

1.以满意作为内因潜在变量的路径分析

在本书构建的模型中，以满意作为内因潜在变量的直接效果路径有6条，分别是信息质量、互动性、有用性、可靠性、移情性、期望确认与满意之间的关系，信息质量、互动性、有用性、可靠性、移情性对满意都有显著的正向影响作用，分别具有正向的路径系数0.269、0.383、0.371、0.271、0.330，其中"互动性——满意"的路径系数值（0.383）最大，说明互动性对满意的影响最大。互动性是政务新媒体平台的优良特性之一。在政务新媒体平台运营过程中，政务部门要充分利用互动性与大众建立连接，通过互动反馈机制加强与公众的互动交流，深入了解民情、民意，拉近与公众的距离，从而更好地解决问题，促进用户对政务新媒体的持续关注。相对于传统的政民之间的交流方式，政务新媒体平台可提供更加丰富的互动沟通渠道，例如在平台上增加公众参与探讨的机会、对于用户在政务新媒体平台上的留言进行及时回复等。

2.以信任作为内因潜在变量的路径分析

在本书构建的模型中，以信任作为内因潜在变量的直接效果路径有6条，分别是信息质量、互动性、有用性、可靠性、移情性、期望确认与信任之间的关系。本书的实证研究结果表明，这6个外因潜在变量对信任都有显著的正向影响作用，分别具有正向的路径系数0.221、0.232、0.209、0.387、0.372、0.323。其中"可靠性→信任"的路径系数值（0.387）最大，说明感知可靠性对信任的影响最大。这反映出，用户感知可靠性源自用户对政务新媒体平台能提供权威可靠的信息、能提供相应的政务服务、平台运营管理规范等方面的感知。而从政府机构的角度出发，政务新媒体要重视其作为网络媒介而产生的传播力，保持发布信息的权威性和可靠性，从而提升政务新媒体的舆论引导力，深化政务新媒体对社会公众的社会影响，促进用户对政务新媒体的持续关注。

3.以感知价值作为内因潜在变量的路径分析

在本书构建的模型中，以感知价值作为内因潜在变量的直接效果路径有6条，分别是信息质量、互动性、有用性、可靠性、移情性、期望确认与感知价值之间的关系。本书的实证研究结果表明，这6个外因潜在变量对感知价值都具有显著的正向影响作用，分别具有正向的路径系数0.361、0.329、0.412、0.403、0.313、0.378。其中"有用性→感知价值"的路径系数值（0.412）最大，说明有用性对感知价值的影响最大。这反映出：从用户角度出发，用户感知有用性是对政务新媒体平台易于操作上手、服务容易获取、界面简洁、提供的信息有用等方面的感知；从政府机构角度出发，政务新媒体平台要贴近公众的需求，深入了解用户的需求与偏好，充分运用互联网手段，融入大众生活，构建一个有活力的平台，产生更加广泛的影响力，从而增加用户的黏性，促进用户对政务新媒体的持续关注。

4.以持续关注作为内因潜在变量的路径分析

以持续关注作为内因潜在变量的直接效果路径有3条，分别是"满意→持续关注"，"信任→持续关注"，"感知价值→持续关注"。本书的实证研究结果表明，这3个内因潜在变量对持续关注都具有显著的正向影响作用，分别具有正向的路径系数0.245、0.394，0.381。其中"信任→持续关注"的路径系数值（0.394）最大，表明用户对政务新媒体的信任是影响用户持续关注政务新媒体的最重要因素。这一结论说明政府机构通过新媒体平台稳定提供真实可信的高质量信息，不断扩大在用户中的影响力，有助于促使大众持续关注政务新媒体。社会化媒体具有开放性和参与性的特点，提升其服务质量必须注重用户的体验，政务新媒体平台运营过程中要始终关注用户需求与体验，有针对性地提升服务质量，对用户的行为进行分析、引导，应重视借助新媒体平台和渠道，便于大众普遍、直接地了解政务部门行使职权的全过程。政务新媒体平台应为大众提供权威的专业信息和服务，不断提升用户对政务新媒体平台的信任，扩大政务信息网络传播的影响力，改善政府的形象，提高舆论引导能力。

5.用户因素对政务新媒体持续关注行为的影响

用户对政务新媒体持续关注的6个影响因素分别是信息质量、互动性、有用性、可靠性、移情性、期望确认，这些影响因素通过满意、信任和感知价值对持续关注产生间接影响，即产生的间接效果路径共有6条，分别具有正向的路径系数0.291、0.311、0.330、0.372、0.347、0.271，其中"可靠性→持续关注"的路径系数值（0.372）最大，说明可靠性是用户对政务新媒体持续关注影响最大的间接因素。

4.7　本章小结

本章主要对本书的问卷量表进行设计、开展研究实验、进行数据分析，对实证研究结果进行讨论。在本章的问卷量表设计部分，首先选择了20名人员进行问卷预调查，分析了问卷的合理性和可行性，修正了初始问卷中的部分题项，形成本书的正式问卷。其次，发放正式问卷300份进行数据收集，剔除无效问卷后，共计回收有效问卷241份，问卷回收有效率为80.37%，较好地完成了数据有效收集任务。在问卷量表设计过程中，在部分借鉴、参考国内外文献中相关量表的基础上，并结合本书的特点，历经实际访谈、预测试和修改等环节最终形成了本书的调查问卷，使问卷具有较为科学合理的内容，能有效测定相关观点。最后，本书对实证研究结果进行了说明、分析和讨论。通过模型识别和检验，本书的大部分研究假设都得到了支持。只有期望确认对满意的作用关系没有得到支持，因此，检验结果表明用户期望确认不是用户对政务新媒体满意的主要影响因子。在路径分析部分，主要分析了观察变量对内因潜在变量和外因潜在变量影响的直接效果、间接效果和总效果，了解用户角度出发的各因素对用户持续关注政务新媒体行为的影响。

5

提升政务新媒体服务能力和质量的方案与建议

政务新媒体平台依托网络技术、移动通信技术等，有效整合政务信息资源，为推动服务型政府建设提供了丰富多样的表现形式。政务新媒体具有媒体属性和服务属性，是党和国家治理现代化的前端，其本职是政务服务，因此要主动提升服务意识，理清运营思路，加强整合优化，突出引领功能。政务新媒体在运营过程中仍然存在一些问题，主要有：未形成信息的聚合效应；信息内容过于"官方化"；信息的双向互动不足；低效重复建设；部分政务新媒体更新不及时，已沦为"僵尸号"；一些政务新媒体因管理不力甚至成为舆情制造者，损害了政府形象；加重了基层负担。要高质量推动新时代政务新媒体的健康有序发展，需要树立用户思维，充分发挥政务新媒体的服务功能，建立长效监管机制，提升网上政务服务水平。本章将结合前面的实证研究结果，在进行总结性梳理的基础上，对政务新媒体服务能力和质量的提升提出一些建议。

5.1 建立科学合理的政务新媒体运营平台设计战略规划

新媒体带来的技术变革，要求政务新媒体平台的管理运营者要转换思维方式，充分认识到新媒体对政务工作所带来的影响，积极研究各种新媒体工具产生的效果，提升政务新媒体的影响力。习近平总书记指出，"要抓紧做好顶层设计，打造新型传播平台，建成新型主流媒体"，"要坚持移动优先策略，让主流媒体借助移动传播，牢牢占据舆论引导、思想引领、文化传承、服务人民的传播制高点"。政务新媒体的发展需要制度来保障，需要加强政务新媒体的顶层设计，制定发展规划，定位清晰，加强运维管理，不断完善绩效考核和监督体系，在一定框架内，实现政务新媒体的有序发展。本书的实证研究结果表明用户感知可靠性是影响用户对政务新媒体持续关注的最大因素。这一研究结果说明要吸引用户持续关注政务新媒体，就需要重视政务新媒体运营平台设计战略规划，提高政务新媒体平台运行水平。

第一，在政务新媒体运营平台设计战略规划方面，推进多种政务新媒体协同联动、整体发声，实现数据同源、资源共享，通过政务部门间协同一致，构建规范的公共信息反馈机制，实现跨部门数据流动，健全协同机制，消除"信息孤岛"和"数据烟囱"，推进集约整合，重塑政务业务架构以及技术架构，实现集成高效的服务架构，提升公共服务的整体效能。2021年4月，《国务院办公厅关于印发2021年政务公开工作要点的通知》提出，将健全政务新媒体监管机制，针对一哄而上、重复建设、"娱乐化"、"空壳"等问题有序开展清理整合。因此，政务新媒体的建设应当对政务新媒体的定位、功能和发展方向进行梳理、分析，捕捉互联网变化，注重特色化发展，通过整合资源避免重复建设、重复投入，使政务新媒体能够切实履行职责成为政务服务的优良平台。例如，近年来，北京市政务新媒体总量呈现减少趋势，通过政务新媒体的集约整合发展不断提升精准服务水平，通过减少重复账号、集约内部资源，解决过去存在的政务新媒体账号过多，内容同质化、传播率低，使用范围小、更新频率低等常见问题。截至2021年3月，北京市政府系统拥有政务新媒体1 724个，其中微博363个、微信936个、移动客户端32个、其他政务新媒体393个。截至2022年3月，北京市政府系统拥有政务新媒体1 661个，其中微博285个、微信869个、移动客户端48个、其他政务新媒体459个。①对比二者数据后可以发现，北京市政府系统政务新媒体数量总计减少63个，其中政务微博、政务微信共减少145个，以政务移动客

---

① 沙雪良.北京政务新媒体总量减少，将提升精准服务水平［EB/OL］.（2022-05-11）. https://baijiahao.baidu.com/s? id=1732531455606254623&wfr=spider&for=pc.

户端及视频号、头条号为代表的其他类政务新媒体则增加了82个。这些变化表明随着数字化治理水平不断提升，我国政务新媒体发展状况持续优化，集约化建设持续扎实推进，网络问政能力不断提升。

第二，政府部门要加强政务新媒体服务能力、加大工作的统筹力度，注重政府管理、执行机制的建设，明确政务新媒体的管理职责，各级地方政府应结合实际情况制定政策规范、管理办法，切实发挥政务公开、政民互动和政务服务的功能，聚焦公众需求，清晰定位，提升精准服务水平。为充分发挥政务新媒体在推进政务公开、优化政务服务、凝聚社会共识、创新社会治理等领域的重要作用，全面提升政务新媒体传播力、引导力、影响力、公信力，2019年4月广东省出台了《广东省推进政务新媒体健康有序发展实施意见》。2021年4月，湖北省政府办公厅印发的《湖北省政务新媒体管理办法（试行）》指出：全省政务新媒体建设和管理应坚持"正确导向、需求引领、互联融合、创新发展"的原则，以全省政府网站集约化平台为依托，构建以省政府政务新媒体为引领，各市（州）政府政务新媒体为主干，县（市、区）人民政府政务新媒体为骨架，省、市、县三级整体协同、响应迅速的政务新媒体矩阵体系，着力优化政务新媒体发展生态，打造一批优质精品账号，形成全省政务新媒体规范发展、创新发展、融合发展新格局。为促进政府系统政务新媒体健康有序发展，2022年12月四川省发布了《关于创新完善机制加强全省政府系统政务新媒体管理的通知》。

第三，积极利用先进信息技术构建高效便民的政务新媒体平台，提升政府网上履职能力和服务水平，建设整体联动、高效惠民的网上平台。例如，"国资小新"政务新媒体是集内容生产、渠道分发等功能于一体的新媒体管理平台。在平台定位上，坚持为粉丝服务，有自己人格化的卡通形象，走亲民路线和明星路线；坚持优化运作模式，开发了新媒体统一管理平台，运用品牌化、虚拟化、智能化等方式为群众提供贴心服务；转变话语模式，在选题、创意、表达等方面求新求变，用"网言网语"与网民互动沟通。

第四，政务新媒体要从群众的实际使用需要出发，提供智能化、场景化、集约化的平台服务与应用。在场景化方面，应针对不同群体的需求把分散的政务新媒体服务功能分类，形成不同业务门类的功能包，以实现用户对所需要的政务新媒体账号的快速访问。例如，贵阳市在政府数据资源利用方面进行深度创新，率先在省会级门户网站实现了场景化搜索功能，充分利用省政府网站集约化平台的优势，结合自身政府网站信息内容与服务特色，引入了智能化、场景化、集约化云搜索平台，聚集整合了贵阳政府网站资源，将门户网站、新媒体、政务服务网、数据开放平台等汇聚于云平台，打破部门壁垒，聚合相关信息和服务，根据办事服务场景、主题服务场景、重要专题、应用系统场景等政府网站搜索场景，设置了领导、机构、旅游、招商引资、大数据、脱贫攻坚、疫情、轨道交通等23个主题场景化搜索，实现了"搜索即服务"，提升了贵阳市人民政府门户网站搜索服务水平，有力提升了群众良好的网站使用感。

第五，要确定政务新媒体平台考核目标、考核标准、保障机制的制度建设。要建立相应的工作制度，加强对政务新媒体内容、发布程序的审查和监管，引入必要的奖惩机制，确保所发布信息语言表述符合政策法规要求，确保公开信息的全面、准确无误和权威性，保障政务新媒体有序化、规范化地运作。政务新媒体要不断完善监督保障制度和科学的绩效考评体系，建立网络信息发布保障机制，引领网络舆论，加强新媒体信息质量引导的制度化管理。为推动政务新媒体平台建设绩效指标的落实与考核，可以建立新媒体平台的评估指标体系，适时地通过政策和行政激励来促进政务新媒体服务能力的稳步提升。

例如，2019年4月，国务院办公厅制定出台了《政府网站与政务新媒体检查指标》和《政府网站与政务新媒体监管工作年度考核指标》，对政务新媒体的考核方法进行了规范，从中央政策层面助推政务新媒体的科学管理和规范指导，敦促政务新媒体建设趋向系统化与专业化。一些省份也相继出台了政务新媒体的考评方法与地方标准。2020年7月，安徽省市场监督管理局发布了《政务新媒体影响力评价 微信》安徽省地方标准（DB 34/T 3654-2020），这是我国首个政务新媒体评价地方标准，填补了国内政务新媒体评价体系标准化的空白。该标准设置了由服务力、传播力和创新力等构成的三级指标评价体系，给出了政务微信影响力评价原则、方式和评价方法，可有效提升政务新媒体影响力评价的权威性、影响力，对推动政务新媒体健康有序发展，规范评价体系有重大意义[1]。

5.2　深入了解新媒体平台运行机制，提升政务新媒体服务质量

进入新媒体时代，以往的传统媒体平台信息发布与工作机制已无法应对复杂多变的媒体环境。以线性传播为主的传统信息传播方式受到时空限制，用户的信息接收明显滞后。高效利用新媒体力量与用户展开互动，是政务部门紧随时代发展潮流、逐步优化改进工作机制、提升政务服务质量的重要工作任务之一。政务新媒体要厘清自身定位，找到合适的切入点，挖掘内容特色，注重表现形式、传播方式的创新，打造优质政务新媒体，有效提升政务工作水平，实现便民价值及施政价值。

---

[1]　佚名.安徽出台全国首个政务新媒体影响力评价地方标准［EB/OL］.（2020-07-02）.https://www.sohu.com/a/405391951_120056211.

虽然当前越来越多的党政机关与政府部门在各类新媒体平台上开设官方账号，将政务新媒体作为信息公开和信息服务的新阵地，但政务新媒体发展水平参差不齐，一些政务新媒体疏于优质内容的打造和传播，存在着互动性缺乏、平台内容不合规、更新不及时、表现形式单一、传播效果不佳、专业人才不足等问题，难以吸引和维持公众的注意力，对用户缺乏黏性，往往陷入形式主义，违背了政务新媒体建设的初衷。政务新媒体的工作机制要不断改进和完善，要建立政务新媒体信息发布审核制度，完善内容标签，注重信息安全和用户隐私保护，关注平台整体运行情况，提升内容质量，不断提升对用户的影响力。从我国对政府网站与政务新媒体绩效的考核指标中可以发现，新媒体的注册数量、发布数量、粉丝数量不再是政务新媒体考核的重点，而是设置了三个方面的单项否决指标——安全、泄密事故等严重问题，内容不更新，互动回应差；并分别针对发布解读、互动交流、功能设计、办事服务等个几方面进行检查考核①。因此，政务新媒体平台要提升平台运营效果，就需要积极转变理念、创新新媒体平台的管理体系，具体来说可以从以下几个方面着手：

第一，政务新媒体要明确自身定位，彰显政治底色，提升政务新媒体信息传播的功能价值。政务新媒体起源于政务信息公开和发布的网络运用，广大用户选择关注政务新媒体也是基于其对政府政策、权威政务信息的网络发布。因此，政务新媒体发挥作用的基础是其作为网络媒介而产生的传播力，要牢牢坚持政务新媒体网络信息公开和发布的主业，保持发布的权威性和准确性，这是提升政务新媒体的舆论引导力、打造政务新媒体对社会公众的社会影响的重要基础。例如，2022年6月10日凌晨，两段发生在河北省唐山市机场路一家烧烤店

---

① 王凡，蒋小天. 国办首发政务新媒体考核结果，"从有到优"如何打好下半场？[EB/OL]. [2023-12-15]. http://www.gov.cn/xinwen/2020-12/18/content_5570892.htm.

里的数名男子暴力殴打他人的视频在网络上迅速传播，引发了网友高度关注，登上微博热搜。这一事件发生后，当天下午5点，唐山市公安局路北分局在政务新媒体平台就发布了关于该事件最新进展的警情通报，指出警方已经锁定嫌疑人，正在全力实施抓捕。由此可见，政务新媒体通过实时通报，发布权威信息和最新进展，可以阐明事实、迅速回应公众关切。

第二，政务新媒体要评估自身与新媒体功能的适配性。政务新媒体在发布政务信息时要做到真实、严谨和受权发布，并彰显内容特色。政务多媒体要加强与用户之间的关联，积极回应社会关切；要加强技术应用，强化服务功能，提高用户体验，更好地打造"政务+互联网"新模式。政务新媒体要平衡好传播力和公信力，既要树立用户意识，也要避免流量思维，力争发挥新媒体优势，凝聚社会共识。例如，北京市政府新闻办官方账号"北京发布"在庆祝中华人民共和国成立70周年活动中，策划制作了"70年我与新中国同行"七大系列，共70部政务新媒体作品；在庆祝建党百年活动中，推出9场"百年征程的伟大序章——探访北大红楼与中国共产党早期北京革命活动旧址保护传承利用"系列主题直播活动，微博话题"V观北京红色行"阅读量超1.2亿；在抗击新冠疫情过程中，"北京发布"第一时间推送最新防控信息，累计直播疫情防控新闻发布会379场。"北京发布"通过弘扬主旋律，传播正能量，走好网上群众路线，提升了政务信息服务质量。

第三，严把审核关，以完备的审核制度保证政务新媒体平台信息发布质量的政治性、权威性。政务新媒体的政治性是其最本质的特征。政务新媒体是互联网背景下政府开展施政的新平台、建设服务型政府的重要手段，是舆论引导的新阵地，也是探索社会治理新模式、提高社会治理能力的重要途径。最新方针政策、公示公告、法律法规等政务公开内容的权威发布是政务新媒体与其他类型新媒体区别的显著标志。政务新媒体要牢牢坚持政务新媒体网络发布的主业，为保证信息发布的政治性和权威性，要制定完备的信息发布审核制度，明确审核主体和审核流程。同时，政务新媒体要加大内容建设力度，全面优化政务新媒体的制作、发布和传播流程，丰富传播手段，发挥新媒体平台的传播优势。政务新媒体平台在进行内容发布时，要规划好发布时间、发布频次，重视重要时间节点，并注重发布文案说明，主动利用热门话题，主动设置议题，扩大所发布信息内容的影响力和传播范围，以实现政务信息的高效传播。例如，"湖北发布"官方微信公众号同时具备订阅号和服务号的功能。"湖北发布"的功能定位是"三及时一对外"：及时公开党务政务重要信息，及时发布重大突发事件权威信息，及时回应群众关切和社会热点，做好对外宣传。"湖北发布"微信平台积极进行创新探索，取得了不错的成效，产生多篇阅读量"10万+"稿件。例如：《武汉市迅即启动石家庄市相关确诊病例在汉情况排查工作》《协查通告！请有关人员速与疾控中心联系》《返乡人员如何划定？国家卫健委最新回应》等稿件的及时发布，使得"湖北发布"的舆论引导力、社会影响力持续扩大。湖北省疫情防控指挥部、湖北省卫生健康委等各省直单位将"湖北发布"作为信息发布官方权威平台，授权发布"湖北春节返乡防控细则"、全省疫苗接种点等重点信息。"湖北发布"官方微信公众号第一信源身份凸显。

5.3 利用新媒体的优势，加强与用户互动交流

随着信息技术迅猛发展，政务新媒体如何利用自身特点，发挥传

播优势，更好地成为政府与用户之间的纽带，是新时代下发展政务媒体的使命与要求。本书的实证研究结果表明，在用户满意的影响因素中，互动性对满意的影响最大，因此，政府机构应充分重视新媒体平台的互动性，更好地满足公众的需求。

伴随着现代移动互联网通信技术飞速发展，政府机构的社会治理模式正在从单向管理模式转向双向互动模式，正在从单纯的政府行政监管模式转向通过社会化媒体的有机连接模式。一方面，我国建设服务型政府的过程中，存在着人民群众参与度低下、缺乏参政议政意识，一些地方政府在畅通民意沟通渠道、回应民意投诉的方面建设较落后等问题。各级地方政府急需为公众提供积极主动参与行政治理和决策的良好体系和环境。另一方面，伴随着新媒体的出现，社会交流更加便捷，信息传播方式更加多样，社会语境更加开放，政务新媒体通过为用户开通互动渠道，使其能在平台上发表自己的想法与意见，就可以了解群众需求，达成合作共创的目的。政务多媒体要善于借助平台加强与网民互动，及时处理网民提出的意见、建议；对待批评性意见，要虚心听取并检查自身工作得失，及时纠偏完善。政务多媒体要让平台成为了解群众、贴近群众、为群众排忧解难的新途径，要让自身成为发扬全过程人民民主、接受人民监督的重要渠道。

政务新媒体在搭建社会公众参政议政、政群互动等方面具有重要的应用价值。政务新媒体具有双重价值，分别是政务价值和媒体传播价值。首先，政务价值表明政务新媒体作为党政机关的网络宣传平台，必须服从党政部门的宣传安排；其次，媒体传播价值要求政务新媒体的宣传要对媒介属性的基础性作用有清晰的认知，着力适应和挖掘政务新媒体作为媒体的优势。政务新媒体必须接地气，应创造条件为公众参与国家经济社会事务管理开辟更多渠道，方便公众提出意见和建议，并及时作出回应，从而实现良性互动和公众的持续关注，不断提升对公众的影响力。政务新媒体平台可以利用网络、微博、微信等媒介的互动性特征，综合运用网络访谈、视频直播、网络调查等多种手段，不断扩大人民群众有序参与政治生活的渠道，保障人民的知情权、参与权、表达权和监督权，充分彰显为人民服务的理念。

走好网上群众路线，还要善于运用互联网问计于民，凝心聚力。政务新媒体为政务部门征求群众意见提供了便捷的渠道。政务部门要进一步完善工作机制，在开展重大工作，特别是推进与群众切身利益密切相关的重大工程、重大项目、重要事项时，积极运用政务新媒体公告、公示。政务新媒体在开展党务政务公开、凝聚社会共识的工作中，要注意收集网民具有建设性的意见建议，充分研究并吸收，使政自身成为体察民情、搜集民意、倾听民声、回应关切的重要阵地。将政务新媒体建设成为网络问政渠道，打造成为常态化、固定化、制度化的信息沟通、困难诉求、意见表达及社会监督的互动平台，将极大地降低沟通成本、拉近党群关系，同时有利于管理机构和党员干部倾听民声、问需于民、走好网上群众路线，进而把这些需求作为推动工作、改进工作的重要依据，增强决策的科学性。倾听人民心声、回应人民期待，好用管用的民主才是真正的民主。如今，网络成为百姓最日常的表达渠道之一，各类网上干群互动平台愈发活跃，人民网建设的网上群众工作平台"领导留言板"就是其中之一。各地区各部门各级领导干部通过"领导留言板"不断回应群众诉求，截至2022年4月留言量累计超340万，回复量累计超260万……一个个群众急难愁盼问题的回应和解决，是广大群众与党政机关的真诚互动，也是"全过程人民民主"在"领导留言板"上的生动实践。截至2022年4月，31个省区市全部开展了人民网"领导留言板"群众留言办理工作，覆盖了100%的市州和99.2%的县区，超1.2万家各类网上群众工作办理单位入驻。党的十八大以来，"领导留言板"上已有超过300万件群众意见建议获得回复办理。

5.4 准确定位公众需求，提升对政务新媒体平台的黏性

政务新媒体作为政府实现政务管理的一种有效手段，优质的用户服务体验是政府在建设政务新媒体时最核心的任务。服务型政府的关键在于服务，核心在于人民大众。2022年6月，国务院发布的《国务院关于加强数字政府建设的指导意见》强调，持续优化全国一体化政务服务平台功能，全面提升公共服务数字化、智能化水平，不断满足企业和群众多层次多样化服务需求。政务新媒体要准确定位公众需求，以人为本，让政务新媒体为公众服务，通过联系群众、服务群众、凝聚群众，提升政务新媒体平台的黏性。为实现准确定位公众需求，提升社会公众对政务新媒体平台的黏性，可以从以下方面着手：

第一，政务新媒体平台在开展信息发布方面要增强服务意识，注重服务信息与注重政务信息发布同等重要。政务新媒体在传播中可以转型为内容生产者和提供价值服务支持者。政务新媒体诞生于新闻发布的网络运用，用户愿意持续关注政务新媒体也是基于政府政策和权威信息的网络发布，实用性、权威性、有效性和快捷性的政务信息服务对用户具有一定吸引力，从而使用户能够持续关注。例如，2024年2月，南京市一小区发生火灾事故，针对高层建筑火灾防范这一人民群众广泛关注的社会热议话题，国家消防救援局的官方微博账号"中国消防"策划推出系列化视频《电动车停对地方真的很重要》《高层建筑发生火灾如何科学逃生》《高层起火原地等待还是开门逃生》，介绍高层建筑火灾的防范知识，视频发布后引发全网关注，视频观看量达500多万余次。

　　第二，搭建与用户之间的畅通平台和渠道。政务新媒体上提供的各类服务是政府机构践行网上群众路线的体现。政府机构应以《国务院办公厅关于推进政务新媒体健康有序发展的意见》为指导，推进政务公开、强化解读回应的要求。行政机关可以利用政务新媒体发布政务信息主动回应群众关切，对所发布的政策进行有效解读。例如，福建省省直有关部门按照关于加强政策解读有关要求，在发布政策文件时，同步发布政策解读。2021年3月—2022年4月，省级政策性文件解读率达到100%。全省政府网站普遍采用图表图解、音频、视频、动漫等形式多样化解读政策文件，实现解读材料与政策文件双向互相关联，提升可读性和传播性，回应公众关切。政策解读是政务公开的重要补充，也是政府回应群众关切的重要途径。如三亚人民政府门户网站开设"政策解读"专栏，推动三亚市政策解读落地落实，围绕"公开即时解读、跟踪回应解读、常态化解读、综合集成解读"四种解读方式，贯彻落实政策解读制度，积极探索政策解读多角度和多形式模式，提升政策知晓度、增强政策影响力，集中发布市政府及部门撰稿解读、在线访谈、政策问答、媒体专访、新闻发布会等，实现了各类解读信息的集中发布和统一展现，推动政策解读工作线上线下融合发展。政府机构还可以利用政务新媒体搭建与用户之间的平台，对用户的信息需求给予积极反馈，促进科学决策，以此来提升政务新媒体的公信力与影响力。例如，银川市市政管理局为了提升市政设施管理效率，鼓励市民积极参与城市管理，2020年8月开发了微信小程序"智慧市政随手拍"。该程序邀请并鼓励市民群众积极参与市政问题的发现与上报，市政相关部门会对市民发现和上报的问题进行及时处理。"智慧市政随手拍"涉及市容环境、共享单车、道路损坏、井盖损坏、环卫保洁、垃圾清运、供热燃气、城市供水、城市排水、路灯亮化等方面的事件，通过"智慧市政随手拍"的使用，创新市政治理模式，提升市政治理能力和水平，也提高了市民参与城市管理与建设的热情。在珠海，为全力推进全市精神文明建设工作再上新台阶，由珠海市文明办主导开发的"文明珠海随手拍"2.0版2018年8月正式上线。市民可以通过"文明珠海随手拍"微信小程序直接反映不文明现象，整个处理流程可实时查看，对于处理结果投诉人还可以评价，"满意"和"不满意"将与相关职能部门考核挂钩。平台的工作人员收到用户提交的问题线索后按流程交由相关部门处理，很好地发挥了普通群众的监督职能。

第三，重视用户感知，强调人文关怀。本书的研究结论指出用户感知移情性正向影响用户对政务新媒体的满意，说明用户感知移情性对于用户持续使用政务新媒体具有重要的意义。政府部门应通过新媒体等多种渠道更好地倾听民声，问需于民，问计于民，积极回应民情诉求，落实全方位、全过程人民民主，提升政府服务能力，建设服务型政府。政府部门在设计和实际运营政务新媒体的过程中，要强调人文关怀、增加用户的黏性，要利用政务新媒体平台建立与用户之间的紧密连接纽带，增进政府机构组织与用户的关系连接。由于政务新媒体平台是建立在虚拟平台上，用户对政务新媒体的认同感主要依赖于用户与平台之间的互动交流来产生和维持。政务新媒体的影响力不完全在于拥有用户数量的多少，而是在于其发布信息传播的范围，以及是否能够被用户持久关注。如果政务新媒体能够了解用户的关注点，并根据自身的特色量身定做信息内容、话题、活动等，促进用户认同感的产生，从而强化用户对组织的亲近感，则可能让用户产生因情感、价值、理念等方面的契合感而带来的满足感，提升政务新媒体的传播效果。例如，政务微信"新华网"在2022年北京冬奥会召开时设置了话题"我为冬奥会喝彩"，提供的是以移情性为基础的关系性内容。该话题将北京冬奥会的开幕式、中国健儿的夺冠、赛场花絮、运动场馆、运动项目、闭幕式等场景的视频与图片进行整合，不仅记录了冬奥会的精彩瞬间，还传递了胸怀大局、自信开放、迎难而上、追求卓越、共创未来的北京冬奥精神。"我为冬奥会喝彩"这一话题的发布带动了超过 27 万人参与讨论、表达情感；规模化的评论、转发行为又进一步扩大了移情性规模，强化了移情性范围，传播了奥运精神，展示了中国强大的疫情防控能力和国家治理能力，释放了强烈的文化自信。从人文关怀的角度，政务新媒体应不断优化流程，使用户真正感受到政务新媒体的方便、快捷，吸引用户使用，从增进与用户的情感角度不断加强用户的使用黏性，最终实现用户持续关注、持续使用。

5.5 主动开展政务公开，回应虚假信息，实现舆论引导

政务新媒体具有传播迅速、海量传播的特点，顺应了人民群众日益通过网络获取政务信息的需要。移动互联网的快速发展，网络舆论增长非常迅速，新媒体平台网络舆情事件呈现高发态势。网络舆论在监督公共管理部门权力、保障社会民众权益、揭示社会问题和不公现象、反腐倡廉、调节社会矛盾等方面发挥着积极的作用；同时，有些网络舆论中存在着失真的、误导性的甚至煽动性的言论，会带来负面、消极的社会影响，如损害个人名誉、破坏社会公信力、泄露隐私信息等，干扰网络舆论空间的有序发展。尤其在重大突发公共事件发生期间，政府机构如果对重要信息不能做到公开发布、对重大政府决策不能做到耐心、细致的解读，容易造成网络舆论偏离正确方向，引发网络空间各种谣言滋生，引发公众对政府工作的质疑，严重时甚至会影响社会稳定、降低政府公信力。因此，政府部门要找准定位、把

握用户价值取向，及时、果断采取应对网络舆论的措施，不断提高政务新媒体的舆论引导能力。在面临重大突发公共事件的情境下，政务新媒体应凭借自身的平台优势和传播优势迅速采取相应措施，第一时间主动发声、回应关切、积极报道、引导情绪。例如，中国政府网是我国电子政务建设的重要组成部分，全国政务公开的第一平台，是政府面向社会的窗口。2020 年新冠疫情期间，中国政府网设立了疫情防控主题服务，推出了政府疫情防控最新消息、最新政策、防控指南、预防常识、权威查询、部门行动等新媒体产品近 300 个，是疫情期间用户访问最多、阅读量最大、传播范围最广的国家级移动端政务平台①。

新媒体深刻地改变了信息传播方式和舆情管理格局，新媒体的发展打破了传统的自上而下的传播格局，对政府治理提出了新的要求。政务新媒体不同于一般的新闻传播主体，其拥有独家、权威的信源，对资源的及时运用能够更好地发挥其价值。政务新媒体应通过信息公开增加透明度，及时针对热点事件中的谣言进行辟谣。例如，新冠疫情期间，政务抖音号成为短视频平台引导网络舆论走向的主力军。利用短视频平台开展舆情信息的处置与引导具有更高的公开透明度，有助于提升政府机构的公信力。"健康湖北"官方抖音账号发布多条疫情相关短视频，如"如何降低新冠病毒家庭内传播风险""孕妇更容易感染新冠？专家最新回应来了""味觉嗅觉减退多久能恢复"等，获得了民众的广泛关注。"健康湖北"官方抖音账号通过提供防疫信息、推送正向价值宣传等破除了谣言，增强了民众防范意识，缓解了民众的焦虑情绪，有助于引导形成良好的社会舆论氛围，坚定抗疫必胜的信心，为"战疫"提供了舆论支持。

---

① 杜一娜.政务新媒体：是"发布墙"更是服务者［EB/OL］.［2023-12-15］. https://www.gov.cn/xinwen/2020-03/19/content_5493079.htm.

政府在利用政务新媒体进行舆情信息内容公开时，要对发布内容的真实度、有效性、信息来源进行审核，保障回应的内容具有真实、全面、可靠的特性。政务新媒体在新闻报道中相关信息公开应当及时全面，符合客观实际，不避重就轻，不漏报瞒报，客观公正地向社会传递真实事件情况，从而赢得公众对主流媒体的信任。例如，2023年1月初，"退休人员不认证就要停发养老金，退休人员必须在今年1月完成待遇资格认证，否则将会停发待遇"等一些不实消息，在成都地区的朋友圈、微信群等渠道流传，引发不少网民关注。对此，2023年1月9日，成都市人民政府新闻办公室官方微博"成都发布"第一时间发布了《2023年1月不认证就要停发养老金？假的！》的信息推送，郑重声明此信息严重失实，指出成都市实行的是滚动认证，待遇领取人员自领取待遇的次月起，每12个月认证一次。对超过12个月未办理待遇资格认证停发养老待遇的，待退休人员重新办理资格认证后，将尽快恢复其待遇发放并补发暂停期间的待遇。"成都发布"官方微博作为成都市政府重要信息发布平台，坚守信息前沿，第一时间把政府的权威信息、资讯及时发布出来，对广大公众关切迅速回应、及时发声，对公众存在的疑虑情绪进行了有效疏导，满足了公众对权威资讯的需求，通过正面宣传有力回击了谣言。2022年5月新冠疫情期间，5月11日，北京地区一网民在某短视频平台编造"海淀区疫情严重，出现千余名无症状感染者，不戴口罩到处跑"的虚假信息，引发群众恐慌。5月12日，有网民未经核实编造所谓的"紧急通知"，通过网络社交平台发布"北京未来三天将静默，全市暂停外卖和快递等服务，请大家尽快准备未来三天的物资"，这一谣言引发大范围传播扩散，严重扰乱社会秩序，造成恶劣影响。5月13日上午，"平安北京"微信公众号针对上述谣言进行了辟谣，发布了北京市新冠疫情防控工作新闻发布会通报的精神，指出北京民生保障物资货源充足，外卖快递配送不停，所谓"封城""静默"都是谣言。通过政务新媒体及时发布信息，在突发公共事件的舆论引导方面有利于提高政府公信力。政务新媒体代表着党和政府的声音，作为问政平台、施政工具在引导网络舆论、发布权威消息、回应社会热点方面发挥着重要作用，是社会舆情治理中不可或缺的力量。在新媒体环境下，政府相关部门需要做好舆情监测工作，建立网络舆情应对机制，具备舆情监测、研判、处置、回应等舆情处置能力。政务机构需要规范新媒体平台信息发布的审核制度，采用网络舆情监测系统，开展舆情监测分析，充分利用政务新媒体对网络负面舆情进行引导，营造良好舆论环境，为社会公众提供正确的舆论引导，进而稳定公众的情绪，消除公众的质疑和焦虑心理，阻止谣言和虚假信息的进一步扩散和传播，积极弘扬主旋律、传播正能量。

5.6 加强政务新媒体的内容建设，提供有价值的高质量信息

虽然媒体形态日新月异，用户获取信息的渠道多种多样，但内容始终是根本。媒体业是内容产业，移动5G时代环境下的新媒体除了是知识和信息传递的承担者，也是连接各方资源的节点和平台资源的承载者，优质内容依然是媒体的核心竞争力。一些学者也指出新媒体平台上的信息内容的价值与传播效果密切相关[①]。作为政务媒体，我国政务新媒体有其特定的角色和使命，在发布信息内容和话语方面具有严肃性、官方性特点，传播应以服务和引导为主要目的。政务新媒体应坚持以内容为主，充分利用新媒体优势，结合自身实际，关注群众的满意度、获得感，要加强策划、做好服务，打造政务新媒体策

---

① 李明德，高如. 媒体微信公众号传播力评价研究：基于20个陕西媒体微信公众号的考察 [J]. 情报杂志，2015，34（7）：141-147.

划、生产、传播、运营的完整传播链，努力探索网媒融合的新发展道路。

目前，政务新媒体在信息发布数量上不断增加，但一些政务新媒体发布的信息内容文本形式单一、高质量内容较少，信息更新速度缓慢，表现形式不丰富，语言"公文风"浓厚，没有针对性，内容同质化，可读性、转载率和影响力较低，难以调动社会公众阅读积极性。要改进和提高政务新媒体平台上发布信息的质量，可从以下方面着手：

第一，健全政务新媒体信息质量管理机制和引导机制。新媒体环境下，政务新媒体应围绕党和政府的中心工作，紧扣时代脉搏，紧贴政情民情，不断优化栏目设置，加强信息质量建设。政务新媒体在保持政府机构的政治性、权威性、严肃性与原则性的基础上，立足部门职能定位，创新信息传播模式，增强信息内容组成的灵活性，增加信息的可读性，提高新媒体的传播效果，吸引用户持续关注，引导用户的价值认同，科学履行政务职能。政务新媒体应明确自身服务角色，对民众关注的重要问题、热点问题进行深入解读和专题报道，挖掘宣传报道的深度，扩大政务工作对公众的影响力。例如，2021年度12月，在教育部直属高校微信矩阵75个账号产出的35篇阅读量10万+的热文中，有关招生、考试、安全、疫情防控的政务信息内容传播范围较广，受到各界关注。"湘微教育"的一篇《@所有学生，这些安全知识一定要牢记！请老师转给家长》以阅读量超10万、点赞数4911次进入热文榜榜首。在发布信息热度的其他方面，励志故事备受关注，如"清华大学"发布的《励志！从中专生到清华博士》一文，获10万+阅读量、1636在看量、4019点赞量，位居当年12月微信热文榜榜首。

第二，要顺应新媒体时代的传播特点。政务新媒体平台既是信息发布平台，更是信息服务平台，要提供高质量的原创内容来吸引用户，获得社会大众的认可。2021 年 11 月，国务院办公厅发布了《国务院办公厅关于全面加强新时代语言文字工作的意见》，其中专门提到要强化对互联网等各类新媒体语言文字使用的规范和管理，坚决遏阻庸俗暴戾网络语言传播。在这方面，政务新媒体账号更应带头示范。目前，一些政务部门的新媒体账号只是复制粘贴官方文件、通报和信息，原创内容少，存在大量转载信息，内容质量不高，难以吸引用户注意。因此，政务新媒体平台既要传达政府机构的观点主张和立场态度，也要顺应新媒体时代用户的特性与信息需求，采用通俗易懂的实用信息进行传播，策划"接地气"的优质内容，而不是仅仅只发布枯燥的政务信息；同时，要避免以往内容抽象难懂、官话套话连篇的形式，同时还要注意政务新媒体的公共性定位，减少"标题党"、情感软文等内容，调整和平衡信息的发布形式，使信息生动灵活、可读性高，以取得较好的传播效果。例如，2023 年 6—7 月，中国北方地区北京、天津、河北、山东等地高温发展迅猛，热力值持续飙升，局地热到破纪录，而南方地区暴雨成片，局地降雨像泼水。对于南北方呈现出不同的极端天气情况这一人民群众广泛关注的社会话题，微博账号"中国天气"与新周刊等 9 家媒体共同推出互动话题"一张图分享你那里的天气"，切中了南北方网友的晒图、互动讨论的需求，话题阅读量达到 4 000 多万次。

第三，政务新媒体还要注意把握发布语言的边界，避免常规议题生活化、严肃议题娱乐化，以致降低权威特性、稀释信息的价值密度。例如，"中国广州发布"微信公众号的简介是"有料有趣有福利，你的广州小百科！"其在发布信息的标题用语方面具有显著的特色。首先，在"漫话广州"的合集中，多次使用"词汇+感叹号"的标题开场，以强调发文信息的重要性，更好地吸引用户的注意。2022

年3月20日，发布了题为"真不愧是广州！！！"的报道，记录了广州春日浪漫，三月天的花海风景美照。2022年4月30日，发布了我国第34个爱国卫生月主题宣传报道："这件事，对每个人都很重要！"2022年5月1日，发布了"今天，这句话一定要说！"的报道，向医护人员、社区工作者、志愿者、民警等奋斗在疫情防控一线、守护广州的工作人员道谢。这些标题引人入胜。其次，使用突出地方特色的词汇语言。如2021年3月30日，发布的"太难了！成个饼印咁……"让用户找出图片中的广州元素内容，来考考用户的眼力和对广州的了解程度。2021年8月23日，发布的"咁都得？"介绍了在广州生活的技巧。中国广州发布"微信公众号通过上述方式提高了新闻的点击率和阅读量，实现了更好地传播政务新闻资讯的作用。

第四，树立用户思维，丰富新媒体政务平台发布信息形式。政务新媒体的直接用户是广大社会公众，在信息发布和服务供给上要树立用户思维，遵循以人为本的逻辑，以人民群众的获得感为先。政务新媒体发布信息时要把握用户特点，提高内容质量，提倡内容实用性，创新表达形式。伴随着全球信息化浪潮，网络传播技术日新月异，移动互联网环境中信息获取的即时性加快了人们生活的节奏，人们越来越习惯于利用碎片化时间来阅读信息。"互联网+"行动计划推动了政务服务移动化、数字化、多元化发展，移动政务服务形态成为未来政务服务工作开展的主流。移动终端设备等新工具的介入能进一步拉近政府部门和人民群众之间的距离，为了解民需提供便利。用户心理习惯不断变化，网络传播分众化、碎片化、精细化趋势日益明显。政务新媒体是政务信息内容、政务服务、政民关系三者之间的耦合。许多用户会专注于自己兴趣爱好所辖主题，并较容易受推送服务的影响引发共鸣。因此，在政务新媒体建设中要深入了解用户的需求与偏好，在不影响严肃信息传递的前提下，充分运用互联网手段，积极探索广大用户喜闻乐见的、多样化的表达方式，以融入大众生活，增进政务新媒体平台信息发布效果。一些地方政府过度关注政务新媒体的各种排名，如政务新媒体影响力排名、政务新媒体传播指数排名等，但是在如何让民众感知到政务新媒体平台能给他们的生活带来实际意义等方面不够重视，内容质量方面缺乏贴合用户需求、原创性、新颖性的内容，难以让政务新媒体发挥好本职作用。

2018年8月，习近平总书记在全国宣传思想工作会上指出，要加强传播手段和话语方式创新，让党的创新理论"飞入寻常百姓家"。这为新媒体政务平台开展政务信息公开、政务宣传、引导和服务群众、增强舆论引导力确定了战略定位，并指明了方向和目标。"河南疾控"在推进防疫健康知识宣传时，经常采用漫画形式，既生动有趣，又浅显易读。如2021年2月22日发布的"疫情期间，婴儿应如何进行防护？"科普了新冠疫情期间婴儿的病毒防护方法。2022年4月22日发布的"速了解！一线工作者营养膳食指导"对奋战在疫情一线的工作人员的合理膳食营养保障进行了介绍。2022年5月15日发布的"预防碘缺乏病，这'碘'很重要！一图读懂"围绕第29个"全国防治碘缺乏病日"主题"智慧人生健康路，科学补碘第一步"，使用漫画的形式介绍了如何科学补碘的健康知识。2022年5月18日发布的"这几种东西，少吃点更健康！怎么控制？看这里！"分析介绍了食物中的调味品对健康的影响，科普了科学饮食的观念。

第五，政务新媒体要紧跟热门话题。注意力经济时代要求政务新媒体提供权威且极具实效性的热点内容，紧贴人民生活，满足用户对于热点内容的猎奇心理与信息需求，不断加强与人民群众的纽带联系，为政府与人民之间形成良性互动提供基础。如何抓住用户眼球是政务新媒体实现社会治理角色优化的第一要义。政务新媒体可以借热点出圈，输出贴合用户个性的内容，针对性地把握发布渠道、时间，优化用户体验，从而不断增强用户对政务官微的认同感和好评度，扩大传播力和影响力。一些政务新媒体借力时事热点话题，不断扩大影响力范围，成为政务新媒体借热点传播的一种新探索。例如，2023年2月期间，受地面强冷空气影响，武汉市出现寒潮大风和低温雨雪冰冻天气，对人们的日常生活、工作和出行造成了一定影响。"武汉发布"微博发布了"冻雨来袭武汉多家停车场免费"，提供商圈、住宅项目地下停车场未租售车位信息，方便有需要的车主免费停车。又如，2021年起露营活动在社会上开始流行，"武汉市文化和旅游局"微信公众号围绕露营相关话题发布多篇文章：《武汉这个公园有点野，露营满分》推荐小众公园，迎合公众兴趣，展现武汉城市之美；《五一来了，武汉超全露营攻略请收好!》推荐武汉适合露营的地点；《最后一天，全国露营的尖板眼都来武汉了》推送东湖风景区举办全国露营大会的信息。2023年3月5日，十四届全国人大一次会议在北京召开，会议期间，多家政务新媒体平台制作了精美的系列海报、学习笔记等形式的新媒体产品，帮助大家理解政府工作报告。凭借新媒体端的技术优势，还有媒体以长图画卷、动图海报、动画视频的形式进行解读，让政府工作报告更加生动。例如，中共北京市委宣传部主管的媒体《新京报》利用微博平台开展直播，邀请近20位权威专家、以连续10小时视频直播的方式全方位报道和解读政府工作报告，涵盖了《后疫情时代，如何打造更有韧性的公共卫生体系?》《优化人口结构，如何构建生育友好型社会?》《拥抱数字化浪潮，教育模式如何变革?》等10大主题，回应公众关注。

5.7 注重线下政务活动与线上新媒体平台的整合，实现协同治理

线上新媒体平台的优势是可以及时、快捷地让用户了解办事流程和相关信息，烦琐冗长的政务办事环节通过办公集约化整改，节约了公众政务活动的时间消耗，有效提升了公众的过程体验和服务体验。政务新媒体扮演着资源整合、高效互通的角色，有助于加强公共管理与公共服务线上线下的融合，提升政府服务效能。通过线下政务活动与线上新媒体平台的整合，可以实现资源融通、服务兼容。政务新媒体利用信息获取、舆情监测、数据收集、资源整合等方面的优势，使得社会公众参与社会治理的渠道和机制得以畅通，使得政府工作更加透明，政府的行政指令传达更加顺畅。在社会治理的进程中，媒体的重要作用之一就是搭建畅通的平台和渠道。政务新媒体是政府和公众共同参与政治生活的重要桥梁，在扎实推进服务型政府建设的过程中发挥着重要的、积极的作用，加强政务新媒体的协同治理能力对增强政民之间的关系有着重要意义。例如，在新冠疫情时期，武汉社区利用政务小程序创新开展微治理，政务新小程序的使用能够在很大程度上方便社区治理者与社区居民间的互动沟通，解决传统社区管理信息不对称的问题。"武汉微邻里"政务小程序承担起日常社区管理、传递民情和社区网格化管理的重任，成为保护人民群众健康安全的守护者，实现了精准抗疫、服务民生的有机统一。"武汉微邻里"及时发布权威防控信息、通知、疫情最新动态、官方通告，帮助民众快速了解疫情防控知识，引导民众科学防疫。"武汉微邻里"政务小程序提供了社区居民表达各类诉求的平台，引入"微医"等在线问诊平台服

务社区健康管理，形成网医矩阵，为用户提供在线就诊服务。"武汉微邻里"开辟了"我想倾诉"心理服务专区和暖心热线，提供机器人（心理小天使）和人工两种服务形式，通过"希望24热线"为居民提供了倾听和陪伴服务，疏导缓解居民心理压力。在确诊、疑似、发热、密接、无症状感染"五类人员"的社区排查和管理方面，"武汉微邻里"利用社区采集数据，开发了健康监测功能以发现、关注"五类人员"，点对点提示网格员做好每日核查，实施分类送治。"武汉微邻里"政务小程序的应用成为基层政府部门和社区工作者开展管服工作的有力抓手，是民众参与社区自治、获取公共服务的有效助手，促进了线上线下政务服务平台的整合。2020年，国务院办公厅政府信息与政务公开办公室对各地区、各部门政府网站和政务新媒体及相关监管工作进行了检查，由国务院应急管理办公室发布了《2020年政府网站和政务新媒体检查情况通报》，提出要持续加强政府网站和政务新媒体管理，改善民众在线办事体验，以信息资源共享共用推动政府网站和政务新媒体整体服务水平提升。党的二十大报告进一步明确指出要"完善社会治理体系。健全共建共治共享的社会治理制度，提升社会治理效能"，提出了"畅通和规范群众诉求表达、利益协调、权益保障通道，完善网格化管理、精细化服务、信息化支撑的基层治理平台"的具体要求和举措。政务新媒体信息的公共性和共享性是其与生俱来的特性。一些政府机构为实现以人民为中心的治理理念，通过线上线下资源整合，增强用户间及用户与政府机构间的沟通交流，提升政务服务的质量和效能，在社会治理方面进行了创新探索。在基层治理工作中，政府相关部门往往面临摊子大、事情杂、人力精力有限等问题，民众和相关部门间缺乏高效沟通的渠道。政务微信与微信互通，且微信拥有的小程序、视频号等功能，为政府机构在基层治理中带来了独特的优势：在前端，通过微信帮助政府部门直接触达人民群众，即时响应实际需求；在后端，通过建立健全政务数据共享协调机制，推动各部门高效协同办公，提高政府服务能力，助力打通为民众服务的"最后一公里"。在城市现代化治理中，各级政府部门越来越重视新媒体技术应用，推出了"一站式政务服务大厅""网上政务咨询大厅""网上信息查验""城市生活综合服务"等服务产品的应用，打造集政策发布、政务服务、政民互动于一体的高效化、数字化、移动化的政务新媒体平台。如"上海发布"官方微信公众号努力探索将新型媒体平台融入城市现代化治理。"上海发布"具备服务型功能，开辟了"市政大厅"和"随申办"两个服务板块。在"市政大厅"服务板块，有公积金查询、医疗保险查询、航班查询、入学信息查询、交通违法查询、城市法规查询、垃圾分类查询、重名查询、公园服务查询等便民服务小程序，方便用户查询、办事，成为社会公众关注的生活宝典。在"随申办"服务板块，有"三金账单"、教育考试信息查询、上海药店药品信息查询等多项服务，还提供居住证办理业务、个人社保缴费业务、出入境业务等。政务新媒体平台辅助公众办理政务或开展事务处理，能够让百姓少跑腿，让数据多跑路，能够推进政务服务从政府管理导向朝着群众需求导向转变，推进服务型政府的建设，实现协同治理。

5.8 建立政务新媒体融合的传播矩阵架构，扩大影响力

各种政务新媒体平台各有优势，微博、微信、短视频和客户端媒体平台之间可以形成联动，实现优势互补。目前，存在着同一政府部门的不同平台账号之间缺乏联动和协作机制，或是不同政府部门的账号之间尚未实现信息资源共享、内容整合等情况。政务机构在各个平

台上的政务号应形成合力，互助、合作、信息共享，构建政务新媒体传播矩阵，利用不同平台的传播特点，提高传播速度，发挥出更大的影响力。政务新媒体矩阵是聚合了各层级政府以及政府内部各部门的新媒体平台，各新媒体平台之间实现信息联通、资源共享，传播政府的权威信息，为社会和公众提供综合服务。例如，"四川发布"是四川省委、省政府认证的新媒体，从微博账号开始起步，通过媒体融合发展战略，不断扩展政务新媒体的内涵和外延，构建了全国首个省级发布序列的政务新媒体传播矩阵。"四川发布"客户端整合全省各级各部门政务新媒体优势资源，建立了以"四川发布"为龙头的"三微一网多端"政务新媒体矩阵品牌，实现了省市县三级政务新媒体的互联互通，融合全省各平台政务新媒体内容，提供"大数据+政务公开"的管理平台，实现智能化推荐，将信息和服务推荐给全省百万级用户，打造政务新媒体一体化解决方案。"四川发布"具有四大功能：政务信息发布、便民服务、舆论引导和媒体融合，创新了政务新媒体发布和服务模式。"四川发布"还顺应政务新媒体的传播形势，建立了集编采、运营、传播、管理为一体的培训机制和创新的管理办法。①

政务门户网站集成了多项功能，是信息公开的平台、联系互动的平台、资源共享的平台和工作服务的平台。政务微博平台的信息公共空间大，更适合发布简短、时效性强的信息，其网状、集群式、泛传播、开放性的特点有助于在政民互动中快速传播政务信息、低成本和高效率地开展互动沟通，有助于扩大政务微博的影响力，推动政府与社会民众沟通的深度和广度。通过微博自身具有的社交、热搜、热门话题等应用功能可以吸引更多用户的关注，影响更多的用户。政务微

---

① 周俐君.四川政务新媒体矩阵迎新一轮发展 "发布系" 正式启动 [EB/OL].
[2023-12-15]. http: //appweb. scpublic. cn/news/wx/detail? newsid=132508&time=
1543544489446.

信公众号集信息发布、便民服务和互动功能于一体，更适于平行、分组式精确传播模式，通过消息发送和实时交流等渠道将信息精确推送给微信用户。政务短视频"短、快、燃"的特点适合宣传政府形象。政务新媒体客户端适合向移动用户即时推送政务资讯来跟踪政务工作的最新进展和动态，以及随时按需提供政务服务，在资讯丰富程度、操作方便性方面有一定优势。不同政务新媒体平台具有不同的特性，通过集群化、协同化矩阵效应，能够发挥多平台优势，吸引不同用户群体使用，扩大政务新媒体矩阵的覆盖范围，更好地利用矩阵效能为社会公众服务。多种媒体内容互联互通、资源共聚共享，使得传播范围更加广泛，用户群体覆盖面更大，从而进一步扩大了政务新媒体的社会影响力。矩阵中的政务新媒体需要明确自身定位，发挥各自优势，兼顾好政务信息发布、政务服务和互动沟通功能的运用，形成多功能、多种媒体的综合性政务新媒体矩阵平台。例如：中央政法委统筹政法工作与网络新媒体同步发展，在重大决策部署的宣传、舆论引导工作中更多地使用新媒体，面向客户端、移动端建立了多个新媒体账号，分别是中央政法委"长安剑"微信公众号、头条号、一点号、"中国长安网"微博号、抖音号、快手号、B站号、百家号、企鹅号，把矩阵建设作为增强政法网络新媒体传播合力的重要途径，通过政法网络新媒体的权威发布，引导、服务群众，及时了解民情民意，使政务新媒体信息集成度、服务时效性进一步提高，实现了"一源多平台""一源多终端"访问方式。

5.9　重塑政府媒介形象，掌握话语主导权

政务新媒体是政府塑造形象的重要渠道之一，通过正能量信息发

布、正面积极的宣传，塑造良好的政府媒介形象，有助于提升政府的公信力和形象。目前，一些政务新媒体态度不诚恳，产生"神回复""雷人雷语"现象，还有的发布与政务新媒体身份不符的无聊信息、不实信息等，误导公众，损害了政府部门的形象与政务工作的公信力。政务新媒体在重塑政府媒介形象、掌握话语主导权的过程中，应特别注意以下几个方面：

首先，政务新媒体要注重信息的多样化，注重拉近与用户的距离。政府形象是公众对政府施政理念和治理能力的一种整体认识，是衡量政府软实力的重要标尺。公众基于传统观点对政府有着天然的刻板印象。政务新媒体的出现，让政府机构的工作人员从幕后走向台前，在互联网上与广大用户进行互动交流，拉近了用户和政府机构间的距离。政府主动进行信息供给能够有效满足公众的知情权，在公众中树立起透明政府和责任政府的形象。2018年5月，隶属于国务院国资委的抖音账号"国资小新"正式开通。"国资小新"致力于打造人格化的政府代言人，主要发布国务院国资委及其下属国企的动态，已成为政务新媒体领域的现象级IP。2018年5月30日，六一儿童节前夕，"国资小新"发布的一条题为"严重卖萌事件"的视频，该视频获得15.8万次点赞、4 036次转发。在视频中，平日形象严肃的国务院国资委新闻中心主任毛一翔在"儿童节到了，送点啥礼物"的主题内容中化身卡通形象，改变了网友对政府部门严肃刻板的固有印象，迅速圈粉，得到大量粉丝的支持："这样的官媒才能让大家接受。""官媒越来越贴近生活了。"2024年1月，"国资小新"粉丝量已经达到了192.4万，收获点赞1 858万。公众长期以来对公务员的刻板印象被眼见为实取代，公务员的辛勤、担当、暖心形象逐渐被群众认可。

其次，政务新媒体要提升发布信息的内容质量，积极融入网络话语空间。新媒体时代，网络话语环境已发生了深刻的变革，网络传播主体呈现多元化趋势，政务新媒体只有积极融入网络话语空间，才能真正发挥其影响力与引导力。"四平警事"是吉林省四平市公安局官方抖音账号，在多期政法抖音号排行榜中名列前茅。该政务抖音号发布的普法小剧场紧跟时事热点，以有趣的表演针对人们在生活中常遇到的法律问题、社会热点问题进行讲解。比如围绕打击新型诈骗、抗击疫情等相关主题，"四平警事"均发布了相关视频。在疫情形势较为严峻时期，"四平警事"曾创作相关短视频，呼吁网民配合防疫工作。"四平警事"曾发动网友提供选题建议，以此激发大家的参与感、认同感，有效拉近了警民之间的距离，形成了广泛社会影响力和舆论引导力。政务新媒体通过群众喜闻乐见的内容和信息发布方式，可以实现凝聚人心的作用，塑造深受民众拥戴的政府形象。

最后，政务新媒体要强化政务属性，坚持正确导向，传播主流思想。政务新媒体作为政务日常工作的展示窗口，代表着政府的观点、意见和态度。这一特殊身份要求政务新媒体在发布信息时，要坚持正确导向，传播主流思想，弘扬主旋律，传播正能量；同时，对于不健康的、消极的观点和态度要勇于抨击。只有积极传播党和政府的声音，政务新媒体才能更好地为社会治理和公共服务助力。新冠疫情暴发期间，为充分发挥政务新媒体作为政务公开"第一平台"的作用，并依法、准确、及时、全面地公开新冠疫情防控信息，湖北省政府政务新媒体平台作为政府官方信息发布平台，在新冠疫情发布方面做到了"五个一律"(略)。通过这些举措，政务新媒体充分发挥了媒体作用，形成权威信息发布的第一源头，满足了公众的知情权、参与权、表达权和监督权[①]。

---

① 程评. 浅析政务新媒体在重大疫情防控中的作用：以湖北省人民政府政务新媒体平台为例 [J]. 中国报业，2020 (21)：62-63.

5.10 有效利用大数据、人工智能等技术手段，提升社会治理水平

当前，伴随着新兴信息化浪潮对人类社会发展带来根本性变革，世界多国正积极利用数字技术推进政府治理体系变革，先进的信息技术不仅能够保障公众的基础政务服务，而且还能够为公众提供不限时间和地域的快速、便捷、流畅的全方位服务。2023 年，中共中央、国务院印发了《数字中国建设整体布局规划》，将政务数字化智能化水平明显提升作为到 2025 年数字中国建设的目标之一，明确提出发展高效协同的数字政务。《数字中国建设整体布局规划》为数字政务的发展明确了方向。处于媒体融合转型期的政务新媒体，其建设发展正由早期的内容导向型向具有信息推荐、信息服务功能的智能化、电子政务导向型数字化平台转型。政务部门在运营媒体平台过程中应当深入了解所运用的媒体平台特性，紧紧围绕政务新媒体信息传播和公共服务两个基本特性，以公众的实际需求为导向设计服务项目，提供技术支撑、优化数字政务服务的顺利供给，将前沿科技融入日常的移动政务服务中。政府是政务数据资源的采集者、拥有者和管理者。推动数据开放和融合，能促进数据要素在社会、公众、市场之间的共享与获取，企业、社会组织、公众可以挖掘运用数据要素进行创新创业应用，创造经济价值。数据共享开放可以有效推动政府部门在公共治理活动中的协同。政府应构建大数据驱动的数字政务新机制、平台和渠道，从而形成现代化治理模式，即"以数据对话、以数据决策、以数据服务、以数据创新"，用大数据提高资源配置和资源整合的效率，让大数据成为推动国家治理体系和治理能力现代化的推手。

　　随着大数据、物联网、云计算、5G 通信和人工智能等新技术的快速发展，政府治理、政务服务面临着新的机遇与挑战。政务新媒体要更好地为用户服务，关注点就不能仅仅停留在媒体产品的内容层面，而忽略用户使用层面。随着软件的智能化水平不断提高，政务新媒体可以利用大数据分析技术、人工智能技术有针对性地开发新功能板块和信息发布新机制，收集公众的政务需求大数据，通过数据分析功能及时发现民情、聚焦民意。在为用户开展数字治理服务过程中，政务新媒体要关注个人数据隐私保障、数据安全机制建设，并加强对数据的权限控制和系统安全审计，为用户提供信息的精准推送，为用户提供有针对性的、高效的、个性化服务，以适应不断变化发展的媒介生态环境。政务新媒体要不断提高数字政务效率，全方位提升社会治理智能化水平和民生服务的精细化、网络化水平。此外，政务新媒体要加大对于老年人的数字包容力度，出台适老化改造功能与服务。

　　政府机构还可以采用基于大数据、云计算、人工智能等技术的舆情监测工具，跟踪特定关键词或话题的发展趋势，发现公众关注的焦点。通过数据分析能力，追踪多种新媒体平台上的信息，了解公众对特定事件或话题的情感态度和情感反应，尤其是突然增加的负面评论或言论的情感倾向急剧变化，及时监测、识别评论或言论的情感变化倾向，提供可靠的舆情分析结果，有助于政府机构更好地把握舆情的走向，发挥在研判舆情、疏导公共情绪等方面的优势，在危机加剧之前采取预防措施，从而减轻危机的严重性，推动国家治理体系建设，提升基层社会治理的现代化水平。对政务微博、微信公众号、政务短视频等多种来源的政务新媒体平台数据进行采集、处理、分析和挖掘，能够帮助各级政府部门倾听民情民意，实现对基层社会治理问题的实时感知、快速应对和精细化管理。2020 年初，新冠疫情发生后，武汉作为疫情风暴中心，基层社会治理面临着巨大挑战。社区是防疫抗疫工作的第一线，在疫情防控中起着至关重要的基础性作用。"武汉微邻里"政务新媒体平台为基层疫情防控提供了社会基层治理支撑。"武汉微邻里"建立大数据驱动的基层社会治理工作框架和治理新机制，汇集、智能分析"微数据"，对网络谣言实施智能化预测、甄别、评估、监测和处置，实施网络谣言快速处置的数据治理策略，追溯谣言源头、网络传播中心点，及时采取措施管控负面舆情，并及时推送涉疫网络辟谣信息、切断疫情传播策略等，引导舆论注意力，为有效遏制负面信息和网络谣言的炒作发挥了重要作用[①]。

5.11 强化政务新媒体专业人才队伍建设

政务新媒体的管理和运营非常需要熟悉信息发布、舆论引导规律的专业人才。人才是政务新媒体发展的最核心与最关键的所在，人才直接关系到政务新媒体各项建设事业推进的可能性与完成度。加大人才队伍建设力度是推进政务新媒体健康有序发展的有力支撑。目前，政务新媒体所需要的专业人才较为缺乏，这在一定程度上限制了政务新媒体的创新发展。一方面，政务新媒体的运营工作多为政府工作人员兼任，其整体媒介素养和新媒体应用能力不强；另一方面，政务新媒体从业人员的管理制度尚不规范、人员流动性较强、竞争和考核机制不健全等因素的存在，使得政务新媒体的各项功能和作用的发挥都受到限制。《2022 联合国电子政务调查报告（中文版）》显示，我国电子政务发展在不少方面取得了显著成效，但在人力资本方面仍存在

---

① 数据赋能.科技创新微治理平台提升武汉战"疫"智能化效能［EB/OL］.（2020-12-07）.https://www.faanw.com/xuelianggongcheng/4930.html.

一些短板，依然有很大的提升空间。

政务新媒体的高质量运营不仅需要专人负责，而且这些人员还需要具备较高的政治素养和专业素养，因此，各级政府部门在政务新媒体建设中要提供充足的人才保障，充分认识到高素质专业团队对做好政务新媒体工作的重要意义。首先，要制定政务新媒体人才队伍建设规划。政务新媒体的良好运转需要平台管理、运营、维护等方面的专业人才。平台管理人才主要负责政务新媒体平台发展规划、统筹监管、沟通协调等工作，运营、维护人才主要负责政务新媒体平台的内容创意、活动策划、文案撰写、更新维护、数据分析和优化等工作。不同类别的专业人才要各司其职，明确自身职责。其次，负责政务新媒体运营的工作人员要加强业务学习，不仅要具备高度的政治素养，还要具备能够准确判断政务新媒体运行质量并立即作出相应调整的专业技术能力。政务新媒体的相关负责人员要了解管理范围内平台的实时运行状况，熟悉工作运转流程。政府应强化政务新媒体部门内部专业技术人才的培养，定期开展媒体传播、信息技术、内容编辑发布方法、沟通技巧、政策解读方法等业务知识和技能培训，不断优化激励机制，调动人才积极性。在培训方式方面，政府应聘请宣传部门和媒体机构的专家授课，提高政务新媒体运营人员的政治素养、新闻素养和业务能力，不断提高运维团队的工作本领，以应对不同新媒体平台的采编和传播需求，持续增强运用政务新媒体履职的能力。政府应采用集中培训和个人学习相结合的方式，结合政务公开工作的推进，培养一专多能的人才。这些人才应具备善于运用新媒体提升公共管理的能力，具备把握主流意识形态，掌握热点敏感问题互动、回应引导的能力，具备舆情研判、应急处置等网络问题处理能力。

5.12 本章小结

　　政务新媒体担负着信息传递、监督反馈、政务服务、政民互动和宣传引导等多重功能和职责。为更好地实现这些功能和职责，本章对提升政务新媒体信息服务能力和质量提出了一些建议，主要包括建立科学合理的政务新媒体运营平台设计战略规划、了解新媒体平台运行机制、准确定位公众需求、利用新媒体的优势加强与用户互动交流、主动开展政务公开、加强政务新媒体的内容建设、注重线下政务活动与线上新媒体平台的整合、建立政务新媒体融合的传播矩阵架构、有效利用大数据和人工智能等技术手段、强化政务新媒体专业人才队伍建设等方面。

6

研究总结与展望

新媒体平台的采用，是移动互联网时代政府机构政务工作的创新方式。借助新媒体的力量，发挥其时效性、互动性和公开性的特点，及时准确地发布政务权威信息，对引导人民群众积极踊跃参政议政，集中民智民力，提升社会的政治文明水平具有十分重要的意义。

政务新媒体在我国的信息公开、政务服务、网络舆论导向中占有重要地位，发挥着重要导向作用。对政务新媒体服务能力和质量提升的研究具有重要现实意义。本书对政务新媒体服务对用户的影响开展了实证研究，以新公共治理理论、信息系统持续使用理论、信息系统成功理论、社会认知理论、服务质量理论为基础，根据新媒体环境下用户的特性，建立用户影响因素模型，实证分析了用户感知的各个因素对持续关注行为的影响，实证研究结果表明信息质量、互动性、有用性、可靠性、移情性、期望确认通过用户的满意、信任、感知价值对持续关注行为有显著的正向影响。本书的研究成果对运用新媒体提升政务部门信息公开和信息服务工作的效果与水平有一定的借鉴意义和参考价值。未来，政务新媒体还有更大的发展空间和潜力，需要不断完善功能和服务，为推进全面深化改革和现代化建设提供更好的支持和服务。

本书也存在一定的局限性，主要表现在以下两个方面：

（1）在政务新媒体服务对用户的影响因素方面，本书主要从用户感知的角度出发，来研究政务新媒体服务对用户的影响，更进一步的研究可以结合其他相关的定性和定量的影响因素来进行探讨，如可以根据用户的特征对不同类别用户进行分类分析，扩展本书的模型。

（2）在资料收集方面，用户的数据资料主要来源于高校、企业领域，代表性不够全面，进一步的研究可以扩大数据来源的范围，让研究结论的适用范围更广，使研究成果能为政务新媒体的管理者、运营者提供更多研究价值。

参考文献

[1] 安璐，徐曼婷. 突发公共卫生事件情境下网民对政务微博信任度的测度 [J]. 数据分析与知识发现，2022，6（1）：55-68.

[2] 白树亮，李元. 理念、功能与话语：对话公关视野下政务微博的创新转向 [J]. 青年记者，2021（3）：70-71.

[3] 包韫慧，何静，付海燕. 政务抖音号用户使用意愿的影响因素研究 [J]. 中国新闻传播研究，2021（1）：126-145.

[4] 陈明红，潘子璇，曾庆彬. 政务微信用户持续使用行为及用户契合的调节作用研究 [J]. 现代情报，2020，40（11）：85-98.

[5] 陈楠. 政务新媒体：开展社会舆情治理的重要载体 [J]. 传媒，2021（12）：53-55.

[6] 陈强，赵汉卿. 信息丰富度、感知价值与社会心理距离：政务移动电台持续使用意愿的影响因素研究 [J]. 信息技术与管理应用，2023，2（5）：10-22.

[7] 陈强，张杨一，马晓悦，等. 政务 B 站号信息传播效果影响因素与实证研究 [J]. 图书情报工作，2020，64（22）：126-134.

[8] 陈世香，唐玉珍. 政务微信提升公共文化服务效能的模式分析：深圳

"南山文体通"的个案研究 [J]. 图书情报工作, 2020, 64 (17): 74-83.

[9] 陈为东. 过程感知视域下学术新媒体用户信息偶遇行为研究 [D]. 长春: 吉林大学, 2021.

[10] 陈文泰, 赵慧晴. 重大突发事件中政务新媒体公众参与的现实困境与提升路径 [J]. 中州大学学报, 38 (2): 71-75.

[11] 陈先红, 杜明曦. 突发公共危机中地方政府新闻发布的积极公关实践研究: 以2020年广东省疫情防控新闻发布会为例 [J]. 暨南学报 (哲学社会科学版), 2022, 44 (4): 33-47.

[12] 池舒婕. 福建省政务新媒体运维管理研究: 以交通运输系统为例 [D]. 福州: 福建农林大学, 2020.

[13] 成娜. 全媒体环境下政务新媒体创新能力提升研究 [N]. 吕梁日报, 2021-05-23 (4).

[14] 程评. 浅析政务新媒体在重大疫情防控中的作用: 以湖北省人民政府政务新媒体平台为例 [J]. 中国报业, 2020 (21): 62-63.

[15] 邓元兵, 范叉文. 政务短视频对城市形象的建构与传播: 以"上海发布"等政务抖音号为例 [J]. 中国编辑, 2021 (11): 62-66.

[16] 邓喆, 孟庆国, 黄子懿, 等. "和声共振": 政务微博在重大疫情防控中的舆论引导协同研究 [J]. 情报科学, 2020, 38 (8): 79-87.

[17] 董育雄, 马琳. 新媒体语境下"两个舆论场"的良性立法互动: 以湖北省人大"公推公选"2015年度立法建议项目活动为例 [J]. 新闻前哨, 2016 (1): 66-68.

[18] 杜鹃, 张新星, 张伟峰, 等. 我国旅游政务微博社会网络结构特征及影响力分析: 以陕西省为例 [J]. 经营与管理, 2022 (3): 146-152.

[19] 杜杨沁. 基于短视频的政务新媒体运营策略研究 [J]. 河北工程大学学报 (社会科学版), 2022, 39 (1): 54-58.

[20] 段海鹰. 政务短视频传播面临的问题及对策 [J]. 全媒体探索, 2022 (6): 17-18.

[21]　段尧清，周密，何俊雨. 中国政府网站新冠肺炎疫情专题数据发布状况研究 [J]. 贵州省党校学报，2020（5）：70-79.

[22]　樊晓燕. 自然灾害危机事件中政务新媒体传播导向研究 [J]. 新闻前哨，2022（11）：4-6.

[23]　冯春，李佳欣. 重大疫情下提升重庆区县政务微信影响力策略 [J]. 新闻传播，2020（23）：51-52.

[24]　冯小东，马捷，蒋国银. 社会信任、理性行为与政务微博传播：基于文本挖掘的实证研究 [J]. 情报学报，2019，38（9）：954-965.

[25]　冯小东，张会平. 兴趣驱动的政务微博公众评论行为影响模型及实证研究 [J]. 电子政务，2018（11）：23-33.

[26]　冯钰茹，邓小昭. 弹幕视频网站用户弹幕评论行为的影响因素研究：以Bilibili弹幕视频网站为例 [J]. 图书情报工作，2021，65（17）：110-116.

[27]　高新华. 从政务新媒体属性视角探究政务微信建设路径：以"全国人大"为例 [J]. 新闻传播，2021（5）：58-59；62.

[28]　高莹，王晓. 基于因子分析和聚类分析的政务微博影响力研究：以山东省17个城市公安政务微博为例 [J]. 情报探索，2020（11）：65-70.

[29]　谷乐，霍明奎. 政务微博平台公共服务满意度调查与提升策略 [J]. 中国管理信息化，2021，24（19）：168-171.

[30]　关心怡. 重大危机事件中政务新媒体的舆情响应机制：以"3·7"泉州欣佳酒店坍塌事故为例 [J]. 新媒体研究，2021，7（7）：6-9；18.

[31]　郭龙生. 网络空间社会语言治理的榜样与龙头：政务新媒体语言浅议 [J]. 天津外国语大学学报，2022，29（2）：12-18；110.

[32]　国琪红. 政务微信的公众参与度影响因素研究：以浙江省为例 [D]. 杭州：浙江大学，2021.

[33]　韩姝，阳艳娥. 政务新闻的短视频化特性与发展：以央视新闻中心官方微博"央视新闻"为例 [J]. 传媒，2021（10）：60-62.

[34]　何冰冰，范以锦. 深度融合实现质的提升 社会治理亟待继续强化：中国

报业 2021 年回顾与 2022 年展望 [J]. 中国报业，2022（1）：27-29.

[35] 何华征. 论"新媒体"概念的基本内涵 [J]. 武汉科技大学学报（社会科学版），2016（1）：103-107.

[36] 和逸群. 辽宁省政务微信建设研究 [D]. 沈阳：沈阳师范大学，2021.

[37] 胡衬春. 地方政府网站、政务微信、政务微博的使用与公众政府信任的关系研究 [J]. 电子政务，2017（12）：90-101.

[38] 黄河，邵逸涵. 政务新媒体的定位、专业塑造与效能提升 [J]. 青年记者，2022（14）：18-20.

[39] 黄家荣. 政务新媒体的内容生产和传播特征：以广东省政务新媒体为例 [J]. 传播与版权，2021（11）：64-66.

[40] 黄艳，刘默扬，李卫东. 政务短视频用户信息分享行为研究：以抖音和快手平台的"青年学党史"作品合集为例 [J]. 北京航空航天大学学报（社会科学版），2022，35（1）：92-101.

[41] 霍明奎，吕智悦. 县级政务微信平台信息服务质量评价体系设计与应用研究：以吉林省为例 [J]. 情报探索，2021（2）：74-81.

[42] 贾哲敏. 新时代政务新媒体：历程回溯与发展路径 [J]. 山西师大学报（社会科学版），2020，47（6）：83-88；124.

[43] 江美莲，邓艳昕，王玉琦. 影响文旅政务微博传播效果因素的实证探究：以"海昏侯"微博为例 [J]. 出版广角，2021（8）：80-83.

[44] 姜美洁. 基于因子分析下的政务微信影响因子研究 [J]. 新闻研究导刊，2015（13）：268-269.

[45] 姜新. 新传播生态下政务新媒体的"守正"与"出新" [J]. 吉林人大，2019（12）：38-39.

[46] 姜蕴琦. 政务微博在回应突发事件中存在的问题及对策研究 [D]. 沈阳：沈阳师范大学，2021.

[47] 孔婧媛，滕广青，庹锐. 政务新媒体信息传播影响力研究 [J]. 农业图书情报学报，2021，33（7）：24-34.

[48] 匡亚林，李佳蓉. 基于"S-O-R"框架的政务短视频持续使用群体画像模

型构建 [J]. 情报杂志, 2021, 40 (11): 161-168.

[49] 雷雨田. 善用政务新媒体服务群众 [N]. 经济日报, 2021-03-25 (5).

[50] 李晨溪. "互联网+政务服务"的实践探析: 以"我的长沙"微信小程序
为例 [J]. 视听, 2021 (7): 219-220.

[51] 李沣芮, 赵迎红. 政务新媒体政策的文本分析: 基于 Nvivo 的质性研究
[J]. 新闻世界, 2022 (3): 28-32.

[52] 李金阳. 政务新媒体信息服务能力提升研究 [J]. 科技创业月刊, 2022,
35 (9): 61-63.

[53] 李晶, 郭财强, 明均仁. 移动图书馆用户满意度影响因素的动态演变研
究 [J]. 图书馆建设, 2021 (3): 113-121; 142.

[54] 李井红. 做强政务新媒体代运营提升新闻媒体影响力: 以《新法制报》
为例 [J]. 传媒论坛, 2022, 5 (14): 54-56.

[55] 李明德, 高如. 媒体微信公众号传播力评价研究: 基于 20 个陕西媒体微
信公众号的考察 [J]. 情报杂志, 2015, 34 (7): 141-147.

[56] 李琦. 区级融媒体政务微信传播策略研究: 以"汉阳知音"公众号为例
[J]. 新闻前哨, 2022 (2): 48-49.

[57] 李伟卿, 汪文涛, 黄炜, 等. 弹幕视频网站用户持续使用行为的影响因
素及其可解释性分析: 基于感知价值的视角 [J]. 现代情报, 2023, 43
(12): 63-72.

[58] 李一铭, 徐绪堪, 王普查. 面向突发事件的网络舆情可信度评估及政务
微博引导研究 [J]. 情报杂志, 2021, 40 (11): 87-92.

[59] 李永忠, 谢隆腾, 陈静. 移动政务服务公众持续使用行为研究 [J]. 合
肥工业大学学报 (社会科学版), 2018, 32 (6): 40-49.

[60] 李昱璇. 网络舆情治理视角下政务微博用户情绪倾向影响因素研究
[D]. 成都: 电子科技大学, 2021.

[61] 林杉. 福建省古田县下辖乡镇政务微信问题研究 [D]. 上海: 东华大
学, 2021.

[62] 刘泾. 基于政务微信的政府治理模式创新研究 [J]. 情报科学, 2020

(6)：62-66.

[63] 刘琼，马文婷，范一欣. 短视频平台突发公共事件的网络情绪呈现及舆情治理：以 Bilibili 网站"新冠疫情"议题为例 [J]. 电子政务，2021（6）：52-65.

[64] 刘晓娟，王晨琳. 基于政务微博的信息公开与舆情演化研究：以新冠肺炎病例信息为例 [J]. 情报理论与实践，2021，44（2）：57-63.

[65] 刘小榕. 地方媒体"新闻+政务服务商务"运营探索：以中山广播电视台为例 [J]. 电视研究，2022（7）：81-83.

[66] 刘雅凡，韩冰. 微时代下重大突发公共事件应对机制探索：以新冠肺炎疫情为例 [J]. 河北企业，2022（8）：77-81.

[67] 罗俊杰. 政务新媒体感知价值、信任与参与意愿：人格特质的调节效应 [D]. 重庆：重庆大学，2020.

[68] 马超，余辉，夏文蕾，等. 政务微博评论中情感极性分析方法研究：以上海公安机构微博为例 [J]. 现代情报，2020，40（3）：157-168.

[69] 木卡带司·阿地里江，罗小东. 融媒体环境下抖音消防政务号传播策略研究：以乌鲁木齐市消防救援支队政务号为例 [J]. 新闻研究导刊，2021，12（20）：163-165.

[70] 宁威. 地方政务微信公号的存在问题与发展建议 [J]. 传媒观察，2020（3）：82-89.

[71] 彭勃，韩啸，龚泽鹏. 建构公众参与政务微博意愿的影响因素模型 [J]. 上海行政学院学报，2017，18（5）：28-37.

[72] 祁凯，韦晓玉，郑瑞. 基于系统动力学模型的政务短视频网络舆情动力演化分析 [J]. 情报理论与实践，2021，44（3）：115-121；130.

[73] 祁凯，李昕. 基于 S3EIR 模型的政务短视频网民情绪感染路径研究 [J]. 情报理论与实践，2022（10）：164-168；124.

[74] 瞿佳. 媒介融合视域下政务新媒体的社会治理角色调适研究 [J]. 东南传播，2022（1）：6-8.

[75] 单冬，陈颖. 政务微博运营机制研究：基于警务微博的运营 [J]. 青年

记者，2020（35）：35-36.

[76] 神伟，陈晨. 济南市政务微博发展现状及其优化策略 [J]. 新媒体研究，2022，8（6）：50-53.

[77] 沈艺. 电子政务新媒体的公众满意度研究：以我国政务微博为例 [D]. 上海：上海应用技术大学，2021.

[78] 石国良，王国华. 政务微博"弱"议题舆论引导中的网民情感及其原因分析：基于重要媒体评马保国事件的个案分析 [J]. 情报杂志，2021，40（6）：156-162；142.

[79] 施文捷. 新形势下加强和改进市场监管新媒体宣传工作的思考 [J]. 新闻研究导刊，2022，13（11）：126-128.

[80] 宋雪雁，管丹丹，张祥青，等. 用户满意视角下政务微信知识服务能力评价研究 [J]. 情报理论与实践，2019，42（3）：120-126.

[81] 孙晓燕，王芳，李兆静. 政务微博对公众感知政府形象影响的实证研究 [J]. 情报杂志，2015，34（11）：131-134.

[82] 孙韵. 政务新媒体网络舆论引导策略研究 [J]. 新闻研究导刊，2022，13（13）：123-125.

[83] 孙宗锋，郑跃平. 我国城市政务微博发展及影响因素探究：基于228个城市的"大数据+小数据"分析（2011—2017）[J]. 公共管理学报，2021，18（1）：77-89；171.

[84] 唐冰倩. 新闻媒体助推政务微信"华丽转身"[J]. 新闻世界，2021（7）：34-36.

[85] 唐绪军，黄楚新，刘瑞生. 中国新媒体发展进入新阶段 [J]. 新闻与写作，2015（8）：20-25.

[86] 汤志伟，周维. 地方政府政务微信服务能力的提升路径研究 [J]. 情报杂志，2020，39（12）：126-133；163.

[87] 田晓旭，毕新华，杨一毫，等. 政务短视频用户持续参与的影响因素研究 [J]. 情报杂志，2022，41（4）：144-151；172.

[88] 田秀秀. 新媒体概念理解及影响分析 [J]. 东南传播，2015（12）：

101–102.

[89]　王灿发，王晓雨. 完善突发自然灾害事件的政府新闻发布机制 [J]. 新闻爱好者，2022（7）：4-6.

[90]　王丹，李晓雅，王成凤. 政务新媒体在突发公共卫生事件中的传播研究：以健康中国政务新媒体平台为例 [J]. 传媒，2020（21）：47-50.

[91]　王伟玲. 中国数字政府绩效评估：理论与实践 [J]. 电子政务，2022（4）：51-63.

[92]　王瑄. 政务新媒体的社会价值与效能应用分析 [J]. 新闻潮，2021（5）：8-10.

[93]　王泽亚，马亮. 中国农村居民移动政务的使用及其影响因素：以政务微信为例的调查研究 [J]. 华南理工大学学报（社会科学版），2021，23（3）：107-116.

[94]　王真. 新媒体环境下政务微信受众参与机制研究 [J]. 新闻研究导刊，2021，12（9）：74-75.

[95]　闻宇，吴红雨. 政务短视频公众使用行为及其影响因素研究：基于上海的调查 [J]. 新媒体公共传播，2021（2）：131-151.

[96]　吴笛，周锦. 政务新媒体矩阵建设现状及发展策略 [J]. 青年记者，2021（6）：76-77.

[97]　吴杰. 广西政务微信公共服务研究 [D]. 南宁：广西大学，2015.

[98]　吴锦池，余维杰. 基于社会网络分析的政务微博影响力研究 [J]. 情报科学，2021，39（2）：78-85.

[99]　吴争春，李沁媛. 短视频时代政务媒体应对重大疫情的现实反思与优化路径 [J]. 山西高等学校社会科学学报，2022，34（8）：31-36；2.

[100]　肖康，胡瑞玉，张家年. 大学课程直播教学中师生互动影响因素的模型构建 [J]. 成都师范学院学报，2023，39（4）：108-118.

[101]　肖显. 政务微信公众号如何让标题"吸睛"："中国广州发布"微信公众号标题特点与启示 [J]. 青年记者，2021（12）：75-76.

[102]　熊一鸣. 政务微博在危机管理中的作用机制研究：以新冠疫情中的"武

汉发布"为例 [D]. 济南：山东大学，2021.

[103] 许韩敏，张梦圆，代羽. 从构建融媒生态看广东政务新媒体运营 [J].
南方传媒研究，2020（5）：129-134.

[104] 许开德. 推进媒体深度融合 优化宣传效果：以北海日报社"融媒体建设
年"为例 [J]. 新闻潮，2022（6）：3-5.

[105] 徐晓婧，李佳临，李泽慧. 借力政务新媒体 创新宣传新形式 [N]. 中国
矿业报，2021-12-14（A4）.

[106] 杨明月. 审计政务新媒体的功能定位研究 [J]. 中国内部审计，2022
（6）：92-95.

[107] 杨霞，王彩坤，郭威."互联网+"视阈下政务新媒体服务能力提升研
究：以河南省为例 [J]. 电脑知识与技术，2020，16（31）：257-260.

[108] 杨欣欣，陈占葵，姜红波，等. 新冠疫情下政务App服务质量、满意度
及使用行为分析：以"i厦门"为例 [J]. 厦门理工学院学报，2021，29
（6）：7-14.

[109] 姚潮龙，陈祜玮. 地方党媒运营政务新媒体的红心、初心与匠心：以萧
山日报"1+N+X"品牌为例 [J]. 新媒体研究，2021，7（12）：51-53.

[110] 叶均玲，郑佩佩，苏比努尔·玉素甫，等. 武汉市政务微博传播效果评
价与优化研究 [J]. 情报探索，2020（12）：31-37.

[111] 易明，姚玉佳，胡敏. 融合XGBoost与SHAP的政务新媒体公共价值共识
可解释性模型：以"今日头条"十大市级政务号为例 [J]. 图书情报工
作，2022，66（16）：36-47.

[112] 尹连根. 博弈性融合：政务微信传播实践的场域视角 [J]. 国际新闻界，
2020，42（2）：100-120.

[113] 殷美祥，张毅，朱平，等. 广东气象微信矩阵传播能力评价模型 [J].
广东气象，2021，43（4）：61-64.

[114] 于洪奇，叶兴茂，徐晓婧，等. 自然资源部门户网站与政务新媒体融合
的实践与思考 [J]. 自然资源信息化，2022（3）：15-20.

[115] 袁子涵. 吉林省县（区）级政府政务微信服务问题及对策研究 [D]. 长

春：长春工业大学，2021.

[116] 翟兴波，李璐，肖小平. 全媒体时代人大新闻报道研究 [J]. 新闻前哨，2016（2）：27-28.

[117] 章芳. 增强政务新媒体信任度的实现路径 [J]. 中国地市报人，2021（7）：120-121.

[118] 张爱红. 服务型政府视域下政务新媒体内容研究：以"中国政府网"微信公众号为例 [J]. 青年记者，2021（16）：54-55.

[119] 张弛. 新媒体背景下中国公民政治参与问题研究 [D]. 长春：吉林大学，2015.

[120] 张大权，朱泓飞，孙笑. 基于扎根理论的高校新媒体平台信息用户持续关注行为影响因素分析 [J]. 情报科学，2021，39（3）：113-119.

[121] 张冬，魏俊斌. 情感驱动下主流媒体疫情信息数据分析与话语引导策略 [J]. 图书情报工作，2021，65（14）：101-108.

[122] 张放，杨颖，吴林蔚. 政务微信"软文"化传播效果的实验研究 [J]. 新闻界，2020（1）：59-73.

[123] 张海，姚瑞红. ECM-IS视角下移动政务App用户持续使用意愿影响因素研究 [J]. 重庆邮电大学学报（社会科学版），2020，32（1）：92-101.

[124] 张建松. 政务微信的社会影响与传播策略研究 [J]. 新闻知识，2015（1）：69-71.

[125] 张锦涛，方浩，王维. 我国政务B站号传播效果现状及影响因素研究 [J]. 电子政务，2022（6）：49-62.

[126] 张静，黄啸，吴彬彬. 融媒体时代政务新媒体如何提升影响力和传播力：以省政府门户网站系列微纪录片《党史上的荆楚记忆》为例 [J]. 新闻前哨，2021（9）：22-23.

[127] 张磊. 新传播格局下政务新媒体受众参与及提升途径 [J]. 新闻传播，2021（11）：92-93.

[128] 张丽，李秀峰. 共青团中央抖音短视频的传播效果及影响因素分析 [J]. 中国青年社会科学，2022，41（2）：30-42.

[129] 张美乐. 媒体融合背景下地方政务微信传播策略研究：以"陇南发布"微信为例 [J]. 新闻研究导刊, 2022, 13 (14): 81-83.

[130] 张明. 如何增强县级融媒体中心舆论影响力和引导力 [J]. 传媒论坛, 2021, 4 (14): 45-46.

[131] 张淑华, 周志勇. 突发事件中政务新媒体运营风险与治理研究：基于政治沟通理论 [J]. 中国编辑, 2022 (3): 43-48.

[132] 张卫华. 立足本地, 拥抱未来：山东广电媒体融合纵深发展的探索与实践 [J]. 青年记者, 2022 (10): 85-88.

[133] 张妍. 基于受众感知与期望的政务微博影响力评价研究 [J]. 吉林省经济管理干部学院学报, 2016 (1): 163-164.

[134] 张毅, 陈瑞学, 宁晓静. 政府部门采纳政务新媒体行为变化的影响因素 [J]. 电子政务, 2020 (11): 108-120.

[135] 张一凡, 陈静, 王晓刚. 扬州政务新媒体影响力实证研究：以"扬州发布"抖音号为例 [J]. 扬州职业大学学报, 2021, 25 (4): 6-10.

[136] 赵琢驰. "扬州税务"政务微信建设存在的问题及对策研究 [D]. 扬州：扬州大学, 2021.

[137] 郑军, 徐天宇. 新冠疫情下大学生自主学习能力的提升策略：基于"SCT"的三元交互模型理论 [J]. 牡丹江大学学报, 2022, 31 (6): 72-80; 94.

[138] 郑敏君. 新时代政务新媒体网络影响力提升策略研究：以"中山发布"为例 [J]. 西部广播电视, 2021, 42 (6): 82-84.

[139] 中国互联网络信息中心. 第51次、第52次中国互联网络发展状况统计报告 [R]. 北京：中国互联网络信息中心, 2023.

[140] 钟倩. 政务新媒体：行业媒体的弯道超车与转型发力——中国三农发布的实践与启示 [J]. 当代电视, 2022 (5): 102-104.

[141] 周家旺. 浅议政务新媒体对政务信息传播格局的影响：以中纪委监察部网站的反腐报道为例 [J]. 传媒与教育, 2015 (2): 83-87.

[142] 周润哲, 徐江波, 贾博霖. 重大突发公共卫生事件中的政务微信研究：

议题、形式与效果［J］. 新媒体研究，2021，7（16）：48-55.

［143］ 朱红灿，李建，胡新，等. 感知整合和感知过载对公众政务新媒体持续使用意愿的影响研究［J］. 现代情报，2019，39（11）：137-145.

［144］ 朱翔宇. 政务新媒体践行网上群众路线的路径研究：以微信公众号"武穴发布"为例［J］. 声屏世界，2021（23）：5-7.

［145］ 朱益平，杜海娇，张佳，等. 基于RS-BP神经网络的政务微信公众号信息质量评价模型研究［J］. 情报科学，2021，39（2）：54-61；69.

［146］ ADAM I O，ALHASSAN M D. The role of social media in the diffusion of E-government and E-commerce［J］. Information Resources Management Journal，2021，34（2）：1-17.

［147］ ADREES M S，SHETA O E，OMER M K，et al. A framework of promoting government services using social media：Sudan E-government case study［J］ Journal of Physics：Conference Series，2019，1167（1）：012062.

［148］ ALARABIAT A，SOARES D，ESTEVEZ E. Determinants of citizens' intention to engage in government-led electronic participation initiatives through Facebook［J］. Government Information Quarterly，2021，38（1）：101537.

［149］ ARSHAD S，KHURRAM S. Can government's presence on social media stimulate citizens' online political participation? Investigating the influence of transparency，trust，and responsiveness［J］. Government Information Quarterly，2020，37（3）：101486.

［150］ ARSHAD S，KHURRAM S. Survey dataset on citizens' perspective regarding government's use of social media for provision of quality information and citizens online political participation in Pakistan［J］. Data in Brief，2020，32：106311.

［151］ CHEN Q，MIN C，ZHANG W，et al. Unpacking the black box：how to promote citizen engagement through government social media during the COVID-19 crisis［J］. Computers in Human Behavior，2020，110：106380.

[152] CHEN Q, MIN C, ZHANG W, et al. Factors driving citizen engagement with government TikTok accounts during the COVID-19 pandemic: model development and analysis [J]. Journal of Medical Internet Research, 2021, 23 (2): e21463.

[153] CHO W, MELISA W D. Citizen coproduction and social media communication: delivering a municipal government's urban services through digital participation [J]. Administrative Sciences, 2021, 11 (2): 59.

[154] CRIADO J I, VILLODRE J. Delivering public services through social media in European local governments: an interpretative framework using semantic algorithms [J]. Local Government Studies, 2020, 47 (2): 253-275.

[155] DRISS O B, MELLOULI S, TRABELSI Z. From citizens to government policy-makers: social media data analysis [J]. Government Information Quarterly, 2019, 36 (3): 560-570.

[156] FALCO E, KLEINHANS R, PEREIRA G V. Challenges to government use of social media [C] //Proceedings of The 19th Annual Anternational Conference on Digital Government Research: Governance in The Data Age. 2018.

[157] FASHORO I, BARNARD L. Conceptual framework for government social media use: combining citizen and government perspectives [C] //ECSM 2019 6th European Conference on Social Media. [S. l.] : Academic Conferences and Publishing limited, 2019: 316.

[158] FASHORO I, BARNARD L. Assessing South African government's use of social media for citizen participation [J]. The African Journal of Information Systems, 2021, 13 (1): 58-76.

[159] FENG C, UMAIER K, KATO T, et al. Social media: new trends in emergency information [J]. Journal of Disaster Research, 2021, 16 (1): 48-55.

[160] FRIMPONG A N K, LI P, ADU-GYAMFI S, et al. Context of the Ghanaian

government: social media and access to information [C] // International Conference on ICT for Sustainable Development. ICT Systems and Sustainability. [S.l.]: Springer, 2021: 741-751.

[161] GAŠPAR D, MABIĆ M. Social media: towards open government [J]. Economics of Digital Transformation, 2019 (9): 353.

[162] GUO J P, LIU N, WU Y, et al. Why do citizens participate on government social media accounts during crises? A civic voluntarism perspective [J]. Information & Management, 2021, 58 (1): 103286.

[163] GUO J P, LIU Z G, LIU Y. Key success factors for the launch of government social media platform: identifying the formation mechanism of continuance intention [J]. Computers in Human Behavior, 2016, 55 (B): 750-763.

[164] HARIGUNA T, RAHARDJA U, AINI Q, et al. Effect of social media activities to determinants public participate intention of E-government [J]. Procedia Computer Science, 2019, 161: 233-241.

[165] HIDAYAT S E, RAFIKI A, AL KHALIFA M H. The social media adoption of public sector in the kingdom of Bahrain [J]. Journal of Advances in Management Research, 2019, 16 (1): 23-37.

[166] HUNG S Y, CHEN K, SU Y K. The effect of communication and social motives on E-government services through social media groups [J]. Behaviour & Information Technology, 2020, 39 (7): 741-757.

[167] JIA Z M, LIU M, SHAO G S. Linking government social media usage to public perceptions of government performance: an empirical study from China [J]. Chinese Journal of Communication, 2019, 12 (1): 84-101.

[168] KARJALUOTO H, SHAIKH A A, SAARIJÄRVI H, et al. How perceived value drives the use of mobile financial services apps [J]. International Journal of Information Management, 2019, 47: 252-261.

[169] KHAN S, RAHIM N Z A, MAAROP N. A review on antecedents of citizen's trust in government social media services [J]. 3c Tecnología, 2019, 7

(1): 109-120.

[170] KLEIN E, ROBISON J. Like, post, and distrust? How social media use affects trust in government [J]. Political Communication, 2020, 37 (1): 46-64.

[171] KIM S B. Political engagement of social media users in Korea [J]. Korea Observer, 2019, 50 (4): 587-618.

[172] LI R, RAHAMAN M M, TANG Z H, et al. Assessing social media communications of local governments in fast-growing U.S. cities [J]. The Professional Geographer, 2021, 73 (4): 702-712.

[173] LI Y X, WANG H C, ZENG X W, et al. Effects of interactivity on continuance intention of government microblogging services: an implication on mobile social media [J]. International Journal of Mobile Communications, 2020, 18 (4): 420-442.

[174] LIN Y L, KANT S. Using social media for citizen participation: contexts, empowerment, and inclusion [J]. Sustainability, 2021, 13 (12): 6635.

[175] HAGEN L, SCHARF R, NEELY S, et al. Government social media communications during zika health crisis [C] //Proceedings of The 19th Annual International Conference on Digital Government Research: Governance in The Data Age. 2018.

[176] LWIN M O, LU J H, SHELDENKAR A, et al. Temporal and textual analysis of social media on collective discourses during the Zika virus pandemic [J]. BMC Public Health, 2020, 20 (1): 1-9.

[177] MADYATMADJA E D, SANO A V D, SIANIPAR C P M, et al. Factors influencing the uses of social media within the government: a systematic literature review [C] //2020 International Conference on Information Management and Technology (ICIMTech). [S.l.]: IEEE, 2020: 835-840.

[178] MAT DAWI N, NAMAZI H, HWANG H J, et al. Attitude toward protective behavior engagement during COVID-19 pandemic in Malaysia: the

role of E-government and social media ［J］. Frontiers in Public Health, 2021, 9: 609716.

［179］ MITCHELSTEIN E, MATASSI M, BOCZKOWSKI P J. Minimal effects, maximum panic: social media and democracy in Latin America ［J］. Social Media + Society, 2020, 6 (4): 211-229.

［180］ NADZIR M M. Proposed E-government 2.0 engagement model based on social media use in government agencies ［C］ //2019 IEEE Conference on E-learning, E-management & E-services (IC3E). [S.l.]: IEEE, 2019: 16-19.

［181］ OLANO C L, CASTILLO S S, PÉREZ B M. The use made of video in the social media by candidates in the 2019 Valencian autonomous government elections ［J］. Debats Revista De Cultura Poder I Societat, 2020, 5: 111-124.

［182］ PANG P C I, CAI Q, JIANG W, et al. Engagement of government social media on Facebook during the COVID-19 pandemic in Macao ［J］. International Journal of Environmental Research and Public Health, 2021, 18 (7): 3508.

［183］ PARUSHEVA S, HADZHIKOLEV A. Social media as a people sensing for the city government in smart cities context ［J］. TEM Journal, 2020, 9 (1): 55-66.

［184］ Rahim S A. What can we learn about social media influence in the Malaysian 14th general election? ［J］. Journal of Asian Pacific Communication, 2019, 29 (2): 264-280.

［185］ SANTOSO A D, BAFADHAL O M. Social media and local government in indonesia: adoption, use and stakeholder engagement ［J］. Romanian Journal of Communication and Public Relations, 2020, 22 (3): 21-35.

［186］ SILVA P, TAVARES A F, SILVA T, et al. The good, the bad and the ugly: three faces of social media usage by local governments ［J］. Government Information Quarterly, 2019, 36 (3): 469-479.

［187］ SINGH P, DWIVEDI Y K, KAHLON K S, et al. Smart monitoring and controlling of government policies using social media and cloud computing ［J］. Information Systems Frontiers, 2020, 22 （2）: 315-337.

［188］ STARKE C, MARCINKOWSKI F, WINTTERLIN F. Social networking sites, personalization, and trust in government: empirical evidence for a mediation model ［EB/OL］. ［2023-12-15］. https: //doi. org/10.1177/ 2056305120913885.

［189］ TARAI J. Social media and Fiji' s 2018 national election ［J］. Pacific Journalism Review, 2019, 25 （1-2）: 52-64.

［190］ TONG P S, SONG Z P. Knowledge mapping of government trust and social media research: a visual analysis using citeSpace ［J］. Journal of the Australian Library and Information Association, 2021, 70 （2）: 139-156.

［191］ VAN DIJCK J, ALINEAD D. Social media and trust in scientific expertise: debating the COVID-19 pandemic in the Netherlands ［J］. Social Media + Society, 2020, 6 （4）: 1-11.

［192］ WAHYUNENGSEH R D, HASTJARJO S. Big data analysis of policies on disaster communication: mapping the issues of communication and public responses in the government social media ［C］ //IOP Conference Series: Earth and Environmental Science. ［S.l.］: IOP Publishing, 2021, 717 （1）: 012004.

［193］ WANG G, CHEN Q, XU Z Y, et al. Can the use of government Apps shape citizen compliance? The mediating role of different perceptions of government ［J］. Computers in Human Behavior, 2020, 108: 106335.

［194］ WIDAYANTI C S P IRWANSYAH. Features to improve the interactivity of government' s post on social media ［C］ //2019 International Conference on Advanced Computer Science and Information Systems （ICACSIS）. ［S.l.］: IEEE, 2019: 363-368.

［195］ WUKICH C. Government social media engagement strategies and public roles

[J]. Public Performance & Management Review，2021，44（1）：187-215.

[196] XIE Q J，SONG W，PENG X B，et al．Predictors for E-government adoption：integrating TAM，TPB，trust and perceived risk［J］．Electronic Library，2017，35（1）：2-20.

[197] YANG F，ZHAO S，LI W，et al．Understanding user satisfaction with Chinese government social media platformsh［J］．Information Research，2020，25（3）：865.

[198] YANG S Q，JIANG H，YAO J R，et al．Perceived values on mobile GMS continuance：a perspective from perceived integration and interactivity［J］．Computers in Human Behavior，2018，89：16-26.

[199] YANG S Q，ZENG X W．Sustainability of government social media：a multi-Analytic approach to predict citizens' mobile government microblog continuance［J］．Sustainability，2018，10（12）：4849.

[200] YAVETZ G，AHARONY N．Social media for government information dissemination：content，characteristics and civic engagement［J］．Aslib Journal of Information Management，2021，73（3）：473-496.

[201] ZENG R，LI M．Social media use for health communication by the CDC in Mainland of China：national survey study 2009-2020［J］．Journal of Medical Internet Research，2020，22（12）：e19470.

[202] ZHANG Y Y，GUO L．'A battlefield for public opinion struggle'：how does news consumption from different sources on social media influence government satisfaction in China？［J］．Information Communication & Society，2021，24（4）：594-610.

[203] ZHU Y，JIANG Y．The four-stages strategies on social media to cope with "infodemic" and repair public trust：COVID-19 disinformation and effectiveness of government intervention in China ［C］//2020 IEEE International Conference on Intelligence and Security Informatics （ISI）．［S. l.］：IEEE，2020：1-5.

索引